100 Indicadores da Gestão

100 INDICADORES DA GESTÃO
KEY PERFORMANCE INDICATORS

AUTOR
Jorge Caldeira

EDITOR
CONJUNTURA ACTUAL EDITORA, S.A.
Sede: Rua Fernandes Tomás, 76-80, 3000-167 Coimbra
Tel.: 239 851 904 · Fax: 239 851 901
Delegação: Avenida Engenheiro Arantes e Oliveira, 11 - 3.º C – 1900-221 Lisboa
Tel.: 213 190 240 · Fax: 213 190 249
www.actualeditora.pt

DESIGN DE CAPA
FBA.
PAGINAÇÃO
Jorge Sêco
DEPÓSITO LEGAL
351303/12

 GRUPOALMEDINA

BIBLIOTECA NACIONAL DE PORTUGAL – CATALOGAÇÃO NA PUBLICAÇÃO

CALDEIRA, Jorge

100 Indicadores da Gestão
ISBN 978-989-694-033-1

CDU 005
      658

100 Indicadores da Gestão

KEY PERFORMANCE INDICATORS

CONHEÇA OS 100 INDICADORES MAIS UTILIZADOS NA GESTÃO DAS EMPRESAS. SAIBA QUE TIPO DE INFORMAÇÃO DÃO, COMO SE ANALISAM, ONDE SE VAI BUSCAR OS DADOS PARA O SEU CÁLCULO, COM QUE FREQUÊNCIA DEVEM SER APURADOS E COMO DEVEM SER VISUALIZADOS GRAFICAMENTE

FINANCEIRA | TESOURARIA | RECURSOS HUMANOS | SISTEMAS DE INFORMAÇÃO | PROJECTOS | PRODUÇÃO | MARKETING | MARKETING DIGITAL | ARMAZÉM | AMBIENTAL

Jorge Caldeira

ACTUAL

PREFÁCIO

Hoje em dia, a competitividade das empresas e, por conseguinte, o seu sucesso empresarial dependem em muito boa parte da forma como os gestores as gerem no dia-a-dia. A boa gestão está, como se sabe, dependente também do conhecimento que temos sobre o desempenho da nossa empresa e do impacto das decisões que tomamos.

Ter disponível em tempo útil a informação crítica e verdadeira sobre as realizações da nossa empresa é uma parte fundamental de um processo de gestão, para que o gestor possa tomar decisões mais rápidas e mais corretas.

Conhecer os resultados atingidos, confrontá-los com as metas previamente definidas, compará-los com os valores do sector, compreender a sua evolução ao longo do tempo e perceber a sua tendência gera uma informação de valor indiscutível para quem tem de tomar decisões.

O "domínio do negócio" acontece quando o gestor conhece as realizações da sua empresa, das suas unidades de negócio e do andamento dos seus projetos, entre outros factores relevantes.

Hoje em dia, existem milhares de indicadores que podem ser utilizados na gestão de todas as áreas da empresa. O importante é saber escolher quais os mais importantes – Key Performance Indicators – e aplicá-los, adaptando-os à realidade das nossas empresas e às necessidades de informação.

É verdade que nem sempre é fácil operacionalizar sistemas de monitorização. São muitos os casos de implementações de modelos de monitorização que não tiveram sucesso. As razões são também muitas. Mas também existem casos de sucesso e o valor obtido para a gestão é muito superior ao investimento efetuado.

O Jorge Caldeira conseguiu, neste livro, apresentar de forma muito prática uma sugestão de indicadores (KPI) que devem fazer parte dos nossos instrumentos de monitorização/controlo (ex.: relatórios, tableaux de bord e dashboards). Tal como disse anteriormente, os indicadores não se esgotam neste livro. Existem centenas, senão milhares, que podem ser utilizados pelos nossos gestores. É para isso necessário começar e ir descobrindo quais os indicadores que podem de facto fazer a diferença na entrega de informação a quem tem de conhecer a performance e tomar decisões.

A urgência necessária às nossas decisões obriga a que tenhamos de estar permanentemente ligados à informação de gestão. Assim, os nossos níveis de exigência são cada vez mais elevados - precisamos de mais informação, mais rápida e com maior qualidade.

A visualização da informação de gestão é hoje em dia um tema incontornável da gestão moderna e evoluída. As técnicas da visualização gráfica são importantes, por exemplo, na seleção do gráfico ideal para comunicar um determinado tipo de informação, na formação dos próprios elementos do gráfico, por forma a conseguir ter mais informação sem no entanto diminuir a legibilidade dos nossos reports. Cruzando-se informação que deve ser analisada em conjunto, compreendem-se correlações entre KPI, sendo a comunicação mais intuitiva e levando a que os gestores consumam menos tempo a compreender o estado da arte do desempenho da sua empresa.

É neste enquadramento que este livro volta a acrescentar valor, apresentando exemplos concretos de visualizações gráficas possíveis, tendo em atenção os diferentes tipos de informação de gestão.

ANTÓNIO SARAIVA
Presidente da CIP – Confederação Empresarial de Portugal

INTRODUÇÃO

Quando se pode medir aquilo sobre o que estamos a falar e expressá-lo em números, sabemos alguma coisa a respeito do assunto; e quando não podemos expressá-lo em números, o nosso conhecimento a respeito do assunto é de um nível pobre e insatisfatório. Pode então ser o início do conhecimento, mas, no nosso pensamento, ainda mal começámos a avançar para a fase da ciência.

LORDE KELVIN

A andar se aprende andando, a nadar se aprende nadando, mas para melhorar a forma de gerir as empresas e as instituições não basta geri-las, é indispensável aprender a medir o desempenho da gestão.

O gestor que não é capaz de medir o seu desempenho também não é capaz de geri-lo e, desde logo, estará impedido de melhorar o seu desempenho.

A obra que tem nas suas mãos apresenta de forma categoricamente simples os 100 indicadores de gestão mais importantes, explicados para todos os níveis de entendimento, que o ajudarão a ter a capacidade de medir diferentes aspectos da arte de gerir empresas e instituições.

O leitor pode encontrar nesta obra uma apresentação detalhada de indicadores de dez áreas da gestão, nomeadamente as seguintes: Financeira, Tesouraria, Recursos Humanos, Sistemas de Informação, Projectos, Produção, Marketing, Marketing Digital, Armazém e Ambiente.

Num total de dez capítulos, esta obra é apresentada como um manual prático que responde a cinco questões essenciais para cada um dos 100 indicadores mais importantes para a gestão. Assim, para cada indicador, o autor vai saber para que serve, como se calcula, onde se vai buscar a informação, quando se deve apurar, qual a polaridade, que informação complementar lhe está associada e que visualização gráfica o pode representar utilizando-se os gráficos disponíveis na folha de cálculo do Microsoft Excel.

É enorme o conjunto de indicadores utilizados na gestão de empresas e de instituições, mas, nesta obra, o autor quebra dois mitos que presidem a teoria e a prática da gestão.

Por um lado, destrói o mito de que existem fixed rules para calcular e interpretar os indicadores de gestão.

Por outro lado, demonstra que, em gestão, mesmo o que se considera imensurável pode sempre ser medido. Em gestão, tudo pode ser medido.

A grande novidade desta obra é que estas "medidas" ou indicadores podem hoje estar à disposição de todos os agentes da gestão das empresas e das instituições e não apenas para os CEO's ou os Board Members quando reunidos nas suas confortáveis situation rooms.

Aproveite a leitura desta obra para ter um acesso privilegiado ao conhecimento dos gestores de topo que fazem a diferença na tomada diária de decisões.

Bem hajam!

SÉRGIO DE SOUSA MENDES DOS SANTOS
Presidente do Conselho de Administração do Instituto do Fomento Empresarial (Angola)

NOTA CURRICULAR DO AUTOR

Nos últimos quatro anos, publicou quatro livros sobre *Performance management and measurement*:

> *Implementação do Balanced Scorecard no Estado*, 2009, Almedina
> *Monitorização da Performance Organizacional*, 2009, Almedina
> *Dashboards – Comunicar Eficazmente a Informação de Gestão*, 2010, Almedina
> *100 Indicadores da Gestão*, 2012, Actual/Grupo Almedina

Nos últimos dez anos, especializou-se na área de planeamento estratégico e implementação de modelos de monitorização de performance (ex.: Balanced Scorecard, Tableau de Bord e Dashboards).

É o autor do blogue sobre monitorização da performance – www.monitorizaraperformance.blogspot.com.

Nos últimos seis anos, tem sido responsável pela orientação dos dirigentes da Administração Pública e participantes dos cursos de Alta Direcção do Instituto Nacional de Administração (INA) na aplicação do modelo de Gestão Estratégica e na implementação da metodologia Balanced Scorecard.

Participa em vários cursos como formador e publica artigos sobre a metodologia Balanced Scorecard, Processos de Monitorização e Dashboards. Desenvolve também a actividade de docente universitário em mestrados, pós-graduações e licenciaturas.

É actualmente Partner/Administrador da Unique Dashboard – Softwares de Gestão Empresarial (www.uniquedashboard.com).

AGRADECIMENTOS

Aos meus pais.

À minha família, Susana, Catarina e Lourenço, por mais uma vez terem suportado a minha ausência.

Ao Presidente da CIP, António Saraiva, por se ter disponibilizado a escrever o Prefácio deste livro.

Ao Presidente do Conselho de Administração do IFE, Sérgio dos Santos, pela amabilidade em participar na Introdução deste livro.

Ao meu amigo Gary Cokins, por se ter disponibilizado a escrever um testemunho deste livro.

Ao Partner da Stanton Chase e meu amigo, Carlos Sezões, pelas sugestões dadas.

Ao Especialista em Information Visualization, Jorge Camões, pelas sugestões pertinentes para a visualização gráfica dos indicadores.

OBJECTIVOS DO LIVRO

INTRODUÇÃO

"OS 100 INDICADORES DA GESTÃO" tem por objectivo central apresentar os principais indicadores utilizados pela gestão moderna na monitorização do desempenho das suas organizações.

Procurou-se identificar os 10 principais KPI das 10 principais áreas de uma organização: Área Financeira, Tesouraria, Recursos Humanos, Sistemas de Informação, Projectos, Produção, Marketing, Marketing Digital, Armazém e Ambiente.

"OS 100 INDICADORES DA GESTÃO" tem ainda como objectivos:

- Explicar a utilidade dos indicadores para a gestão da organização.
- Explicar a forma como os indicadores devem ser interpretados/analisados.
- Apresentar os algoritmos de cálculo dos indicadores.
- Identificar as fontes onde geralmente se encontram os dados que alimentam os indicadores.
- Apresentar um exemplo de um possível gráfico que poderá ser utilizado para a visualização do resultado do indicador.

Os indicadores apresentados devem constar do Tableau de bord ou Dashboard utilizado pela organização na monitorização do desempenho da sua actividade.

CONCEITOS-CHAVE

Num processo de monitorização da performance (desempenho), os indicadores são de facto o elemento mais crítico. A sua função é simplesmente apurar o nível das realizações da organização (resultados) para que estas possam ser comparadas com as metas pré-estabelecidas e apurado o desvio e o respectivo nível de performance.

Os indicadores acabam assim por assumir-se como um elemento gerador de consenso dentro da organização, já que constituem o veículo aceite por todos para a quantificação objectiva dos resultados realizados. É fácil entender as desvantagens que ocorrem quando estamos perante uma análise subjectiva efectuada por vários intervenientes relativamente ao grau de desempenho dos indicadores. Dificilmente se atingiria o consenso na análise não objectiva. Convém assim assegurar que o modelo de leitura da performance organizacional seja claro e gere o acordo de todos os intervenientes.

Existe um conjunto de conceitos/designações que está associado à matéria dos Indicadores e que gera alguma confusão quando os seus destinatários se debruçam pela primeira vez sobre estes assuntos. Assim, pretende-se antes avançar, definir, separar e arrumar os principais conceitos desta matéria:

- Objectivo
- Indicador
- Key Performance Indicator (KPI)
- Algoritmo
- Resultado
- Meta
- Desvio
- Performance
- Avaliação

Vamos então estabilizar as definições:

Conceito	Definição
Objectivo	É basicamente o meio de eleição para a comunicação das intenções estratégicas e operacionais da empresa. Os objectivos devem ser capazes de expressar com clareza um determinado intento, esclarecendo os colaboradores sobre o que a empresa pretende conseguir num determinado aspecto e num determinado período de tempo.
Indicador	Constitui a designação do instrumento de apuramento (algoritmo) do resultado.

Conceito	Definição
Key Performance Indicator (KPI)	São indicadores-chave. São os indicadores eleitos como os mais importantes para a empresa. Em regra, não são mais do que 15/20 indicadores.
Algoritmo	Também conhecido por "fórmula de cálculo". Não é mais do que a própria fórmula matemática que permite apurar o resultado registado.
Resultado	É o valor que se apura através do algoritmo. Representa um resultado alcançado pela empresa num determinado período de tempo.
Meta	Quantifica a ambição do objectivo. Tem por função eliminar a subjectividade, reforçar o compromisso, identificar a ambição, fomentar a melhoria contínua e promover a inovação.
Desvio	Representa a diferença entre a meta previamente estabelecida e o resultado efectiva-mente realizado. Pode-se apresentar em número absoluto ou em %.
Performance	É uma forma de apresentar o resultado de modo a comparar indicadores que tenham diferentes unidades de medida. Regra geral, a performance é apresentada em %, sendo 100% quando atinge a meta, <100% quando não atinge e >100% quando supera a meta.
Avaliação	Representa uma avaliação qualitativa obtida em função da performance/desvio. Por exemplo: Supera, Atinge, Em alerta e Não atinge. Permite facilitar a comunicação do nível de performance.

Vejamos um exemplo concreto:

Conceito	Pergunta associada ao conceito	Resposta
Objectivo	Qual é a nossa intenção?	Aumentar em 4% as vendas
Indicador	Qual a designação do "instrumento" que vamos utilizar para medir o objectivo?	Taxa de variação das vendas
Algoritmo	Como se calcula matematicamente o resultado?	(Vendas actuais/Vendas do período anterior) – 1
Resultado	Quanto é que atingimos?	5%
Meta	Quanto pretendemos atingir?	4%
Desvio	Qual foi a diferença do nosso resultado face ao planeado (meta)?	.+1,0% em valor absoluto e 25,0% em percentagem
Performance	Qual foi a nossa performance?	125,0%
Avaliação	Qual é o ponto de situação?	Superámos. . < 95% – Não atinge . [95%; 100%[– Alerta . >=100% – Atinge . > 120% – Supera

AS CARACTERÍSTICAS DE UM BOM INDICADOR

Podemos identificar 15 características que tornam um Indicador num bom instrumento de gestão. Dificilmente encontraremos um indicador que tenha cumulativamente estas 15 características. No entanto, não deve ser "deitado fora". A perfeição é sempre inimiga do bom. Ao longo do tempo, o sistema de monitorização irá ser aprimorado e ajustado às especificidades próprias da organização.

15 características de um bom indicador:

1. Pertinência dos indicadores para a gestão
2. Credibilidade do resultado
3. Esforço aceitável para o apuramento do resultado
4. Simplicidade de interpretação
5. Simplicidade do algoritmo de cálculo
6. Fonte de dados dentro de "casa"
7. Cálculo automático
8. Possibilidade de auditar as fontes de dados com eficácia
9. Alinhado com a frequência de monitorização
10. Possibilidade de calcular em momentos extraordinários
11. Protegido de efeitos externos
12. Não gera efeitos perversos
13. Possibilidade de *benchmarking*
14. Actualizado
15. Possibilidade de ter uma meta

Vejamos então em detalhe cada uma das características que devem ter os indicadores de gestão:

1. PERTINÊNCIA DOS INDICADORES PARA A GESTÃO

Se o resultado que o indicador apresenta não é desejado ou útil para o seu destinatário, então estamos perante uma informação sem valor acrescentado. Rapidamente, o gestor irá deixar de "olhar" para um relatório que apresenta este tipo de informação.

Conselho: Analise com cuidado a informação que é realmente importante para conhecer o desempenho da empresa e suportar a tomada de decisão.

2. CREDIBILIDADE DO RESULTADO

Quando os dados que alimentam o algoritmo são de origem duvidosa, quer porque existe a suspeita de falseamento ou porque é comum encontrar *bugs* nos seus dados, todas as conclusões que se possam retirar da análise dos indicadores ficam imediatamente comprometidas.

Conselho: Procure fontes de informação credíveis ou que tenham um processo de registo protegido de eventuais erros de introdução. Faça auditorias às fontes de dados dos seus indicadores.

3. ESFORÇO ACEITÁVEL PARA O APURAMENTO DO RESULTADO

É muito importante que o binómio "valor da informação para a gestão" versus "esforço para calcular o resultado" seja aceitável. Não podemos ter situações em que o custo de obtenção da informação é superior ao próprio valor da informação.

Conselho: Utilize o bom senso, não queira a perfeição à primeira. Muitas vezes, indicadores mais simples são mais do que suficientes para apoiar a tomada de decisão.

4. SIMPLICIDADE DE INTERPRETAÇÃO

É muito importante que os destinatários compreendam aquilo que os indicadores se propõem a medir. A correcta e rápida interpretação dos resultados é fundamental para a tomada de decisão.

Conselho: Evite indicadores muito complexos que possam gerar confusão nos seus destinatários.

5. SIMPLICIDADE DO ALGORITMO DE CÁLCULO

Quanto mais simples for o algoritmo do indicador, mais rápido e seguro será o processo de apuramento do resultado.

Conselho: Evite a complexidade. Se for necessário, procure outros indicadores que possam também apresentar resultados úteis à tomada de decisão.

6. FONTE DE DADOS DENTRO DE "CASA"

Importa que os dados que alimentam o algoritmo estejam em suportes ou bases de dados de acesso fácil. É sempre mais complicado o acesso aos dados, se a sua localização for no exterior da unidade orgânica ou da organização.

Conselho: Comece a pensar em registar informação dentro da sua organização; não fique dependente de terceiros.

7. CÁLCULO AUTOMÁTICO

A possibilidade de ter os indicadores a serem alimentados automaticamente, evitando a intervenção humana, credibiliza e torna mais ágil o processo de monitorização.

Conselho: Comece a pensar em ter os dados em bases de dados profissionais. Credibiliza a informação e facilita a introdução de instrumentos de monitorização avançados.

8. POSSIBILIDADE DE AUDITAR AS FONTES DE DADOS COM EFICÁCIA

A possibilidade de os dados poderem ser auditados e poderem ser identificados erros faz com que os responsáveis pela sua introdução sejam mais cautelosos no seu tratamento.

Conselho: Implemente processos de registo dos dados que permitam a verificação da sua qualidade e a responsabilização dos seus intervenientes.

9. ALINHADO COM A FREQUÊNCIA DE MONITORIZAÇÃO

Os indicadores devem ser capazes de apresentar os seus resultados com frequência igual ou superior à necessária para a monitorização estabelecida na empresa. Por exemplo, se a monitorização é feita mensalmente, o indicador deve ser capaz de apresentar o seu resultado enquadrado neste período.

Conselho: Quando se apresenta um tableau de bord ou um dashboard com apenas metade dos indicadores, o processo de monitorização sai fragilizado. Importa garantir que a maioria dos indicadores consegue apresentar resultados para a monitorização.

10. POSSIBILIDADE DE CALCULAR EM MOMENTOS EXTRAORDINÁRIOS

Por vezes, é necessário uma monitorização extraordinária. Importa que nos indicadores mais críticos seja possível calcular atempadamente o resultado do indicador, de forma a apresentar à gestão.

Conselho: Nem sempre é possível ter indicadores que possam dar resultados em qualquer altura. Existem muitas vezes limitações técnicas ao seu cálculo. No entanto, deve-se procurar encontrar soluções que possam eliminar ou minimizar esse efeito. As soluções podem passar por apresentar outros indicadores com capacidade de expressar a informação de forma semelhante.

11. PROTEGIDO DE EFEITOS EXTERNOS

É necessário identificar e compreender os efeitos externos que podem alterar/esconder a verdadeira dimensão do desempenho interno da empresa.

Conselho: Avalie sempre se os indicadores são influenciados por factores externos. Tente eliminar ou reduzir o efeito desses factores, através da implementação de condições ou da apresentação de outros indicadores com capacidade de explicar esses factores.

12. NÃO GERA EFEITOS PERVERSOS

É importante que os indicadores estejam protegidos de forma a não gerar "efeitos perversos". Por exemplo, importa verificar se a utilização de um determinado indicador não provoca na empresa um efeito negativo na eficácia, eficiência ou qualidade, na área em que se está a medir ou em outras áreas da organização. Um dos exemplos mais conhecidos e também mais simples é, quando se pretende medir quantidade, a qualidade pode sair prejudicada devido à possível atenção excessiva que se está a dar à quantidade.

Conselho: Antes de validar o indicador, promova alguma reflexão para identificar os possíveis efeitos perversos e implementar medidas para os minimizar/eliminar.

13. POSSIBILIDADE DE *BENCHMARKING*

A comparação de desempenhos entre actividades, projectos, unidades de negócio, organizações, etc., é sempre útil. Para além de induzir competição, promove substancialmente a melhoria contínua.

Conselho: Procure encontrar indicadores que permitam a comparação. Procure uniformizar os indicadores utilizados dentro da empresa, utilizando por exemplo escalas de medição comparáveis entre si.

14. ACTUALIZADO

Os indicadores devem ser rapidamente substituídos por outros, quando deixam de ser interessantes ou quando surgem novas prioridades, actividades ou projectos na empresa.

Conselho: Promova a substituição de indicadores que estão obsoletos. Não atrase a introdução de novos indicadores. É fundamental dar satisfação às novas necessidades de informação.

15. POSSIBILIDADE DE TER UMA META

A existência de uma meta é uma referência preciosa para que se possa perceber a distância que as realizações estão dos valores ideais. A meta assume um papel orientador, mas também responsabilizador, com capacidade de premiar através da distinção dos desempenhos excelentes.

Conselho: Os indicadores devem ter a possibilidade de ter metas anuais e intercalares, em função da frequência de monitorização estabelecida pela empresa.

COMO SE DEVE UTILIZAR ESTE LIVRO

Os indicadores são apresentados através de uma ficha. Desta forma, a informação é exposta num *layout standard* o que irá facilitar o entendimento generalizado dos indicadores e da informação que os caracteriza.

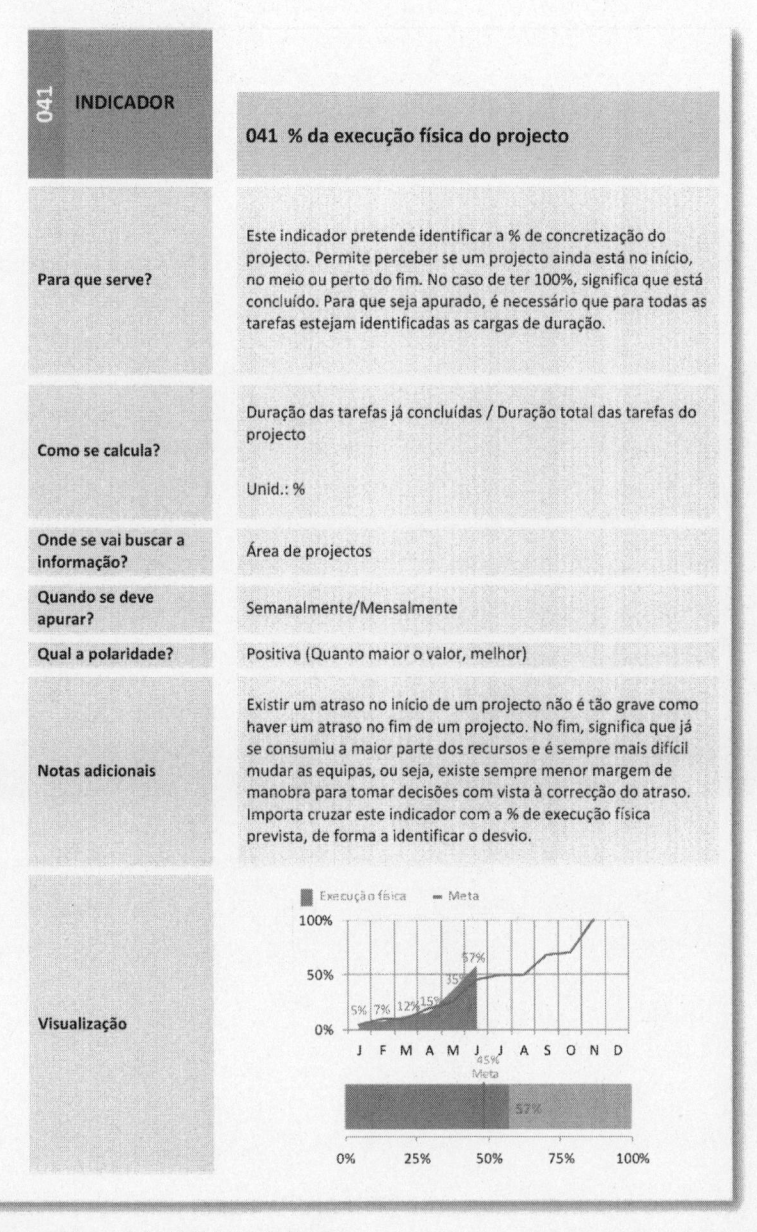

041 INDICADOR	041 % da execução física do projecto
Para que serve?	Este indicador pretende identificar a % de concretização do projecto. Permite perceber se um projecto ainda está no início, no meio ou perto do fim. No caso de ter 100%, significa que está concluído. Para que seja apurado, é necessário que para todas as tarefas estejam identificadas as cargas de duração.
Como se calcula?	Duração das tarefas já concluídas / Duração total das tarefas do projecto Unid.: %
Onde se vai buscar a informação?	Área de projectos
Quando se deve apurar?	Semanalmente/Mensalmente
Qual a polaridade?	Positiva (Quanto maior o valor, melhor)
Notas adicionais	Existir um atraso no início de um projecto não é tão grave como haver um atraso no fim de um projecto. No fim, significa que já se consumiu a maior parte dos recursos e é sempre mais difícil mudar as equipas, ou seja, existe sempre menor margem de manobra para tomar decisões com vista à correcção do atraso. Importa cruzar este indicador com a % de execução física prevista, de forma a identificar o desvio.
Visualização	

Figura – Exemplo de modelo de ficha de indicador

A ficha de indicador tem os seguintes campos:

- **Para que serve?** Explica a utilidade do indicador descrevendo a sua função para a gestão da empresa.
- **Como se calcula?** Apresenta o algoritmo (também conhecido por fórmula de cálculo) utilizado para o apuramento do resultado. Apresenta-se também a unidade de medida (ex.: euros, nº, dias, %, etc.) utilizada para mostrar o resultado.
- **Onde se vai buscar a informação?** Descreve as fontes mais comuns onde se deve ir buscar os dados/informação para alimentar o algoritmo.
- **Quando se deve apurar?** Identifica a frequência ideal com que uma empresa deve aplicar o algoritmo, de modo a monitorizar o resultado do indicador.
- **Qual a polaridade?** A polaridade do indicador esclarece a forma como o indicador deve ser lido quando o seu resultado aumenta ou diminui. Diz-se polaridade positiva se, quando o resultado aumenta, identifica bom desempenho; é polaridade negativa se, quando o resultado diminui, identifica bom desempenho para o objectivo. A polaridade positiva também pode ser chamada de incremento positivo, indicador maximizante ou indicador ascendente. A polaridade negativa é também chamada de incremento negativo, indicador minimizante ou indicador descendente.
- **Notas adicionais.** Expõe outra informação complementar para ajudar na interpretação do resultado do indicador. Identificação de situações extraordinárias na análise dos resultados.
- **Visualização.** Apresenta um exemplo de um possível gráfico que poderá ser utilizado para a visualização do resultado do indicador. Por vezes, cruza informação de mais do que um indicador ou faz uma comparação com as metas. Todos os gráficos foram construídos recorrendo exclusivamente ao Excel.

Optou-se por utilizar as expressões "%", "Peso" e "Taxa" em função daquilo que é a linguagem corrente.

VISUALIZAÇÃO GRÁFICA DA INFORMAÇÃO

Na construção deste livro, houve uma preocupação em apresentar uma proposta prática para a visualização dos indicadores apresentados. Desta forma, todos os indicadores têm na sua ficha uma sugestão de gráfico que deverá ser usado para a monitorização do seu resultado. Estes gráficos podem assim constituir um exemplo a ser utilizado num Tableau de bord ou Dashboard da organização.

Exemplos:

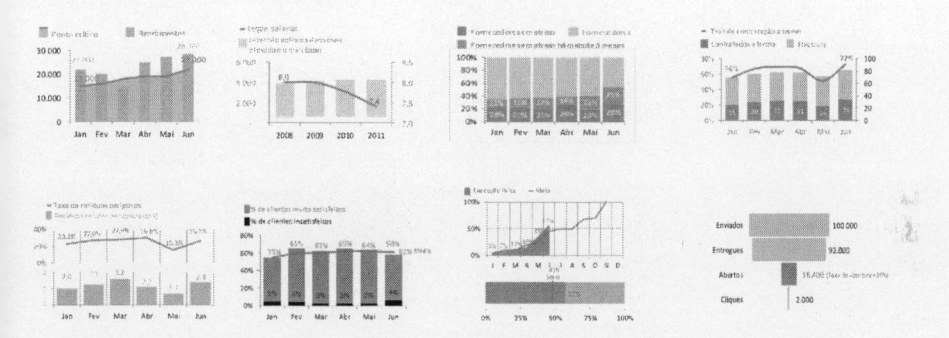

Todos os gráficos foram construídos em Excel, pelo que podem ser parametrizados pela maior parte dos leitores deste livro.

Os exemplos gráficos constituem apenas uma sugestão, já que a maior parte dos indicadores podem ser visualizados através de diferentes tipos gráficos, de acordo com vários factores.

No último ponto do livro (Princípios para a visualização gráfica), são explicadas algumas regras de visualização gráfica aplicadas na construção dos gráficos deste livro.

FINANCEIRA

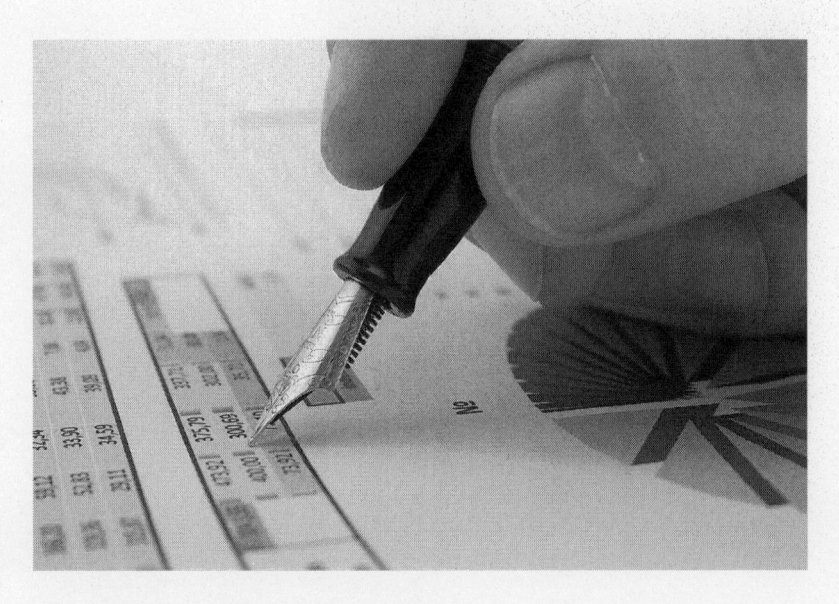

001 Rendibilidade dos capitais próprios (RCP)
002 Rendibilidade económica do activo (REA)
003 Rendibilidade líquida das vendas
004 Rendibilidade operacional das vendas
005 Autonomia financeira
006 Ponto crítico em valor
007 Margem de segurança
008 Peso dos gastos fixos
009 Custo do passivo
010 Estrutura de endividamento

001 INDICADOR

001 Rendibilidade dos capitais próprios (RCP)

Para que serve?

Representa o equivalente à taxa máxima de remuneração obtida pelos capitais próprios em virtude de terem sido aplicados na empresa. Serve para medir a eficácia com que as empresas utilizam os capitais pertencentes aos respectivos sócios ou accionistas. Assim, os sócios ou accionistas podem ser levados a comparar essa taxa de remuneração com a taxa de juro que lhes poderia ser oferecida se optassem por aplicar os seus fundos em outros activos com risco semelhante.

Como se calcula?

Resultado Líquido/Capitais Próprios

Unid.: %

Onde se vai buscar a informação?

Direcção Financeira (Balanço)

Quando se deve apurar?

Anualmente

Qual a polaridade?

Positiva (Quanto maior o valor, melhor)

Notas adicionais

Também conhecido por "return on equity", é visto como um dos indicadores financeiros mais importantes para a gestão. No entanto, um valor elevado poderá resultar dos capitais próprios serem reduzidos. Inversamente, pode existir também empresas com um valor baixo e tal facto ser devido ao elevado valor das amortizações e provisões.

Visualização

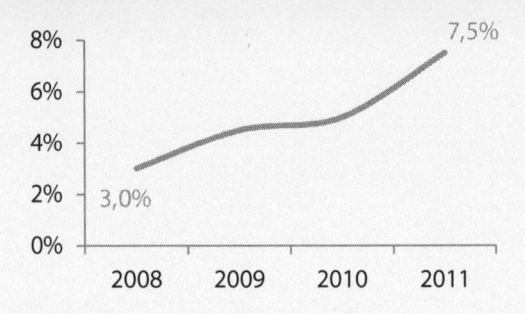

002 INDICADOR

002 Rendibilidade económica do activo (REA)

Para que serve?	Representa a remuneração dos capitais investidos, independentemente da sua proveniência (capitais próprios e capitais alheios). Avalia a capacidade do negócio de gerar resultados face ao investimento que lhe está afecto, independentemente da forma como foi financiado. Se uma determinada empresa apresentar uma REA igual a 8,7%, significa que a utilização dos capitais próprios e alheios pelo gestor no activo foi remunerada a 8,7%.
Como se calcula?	EBIT/Activo EBIT = Earnings before interest and taxes (Resultados Operacionais) Unid.: %
Onde se vai buscar a informação?	Direcção Financeira (Balanço, Demonstração de Resultados)
Quando se deve apurar?	Anualmente
Qual a polaridade?	Positiva (Quanto maior o valor, melhor)
Notas adicionais	Quanto maior for o resultado da REA, melhor será a performance operacional da empresa. Um valor elevado significa que os activos da empresa estão a ser bem utilizados e a produzir bons resultados. Importa analisar o seu resultado em função das necessidades de activos por parte de diferentes tipos de empresas. Isto é, existem empresas que têm REA mais baixas devido à necessidade de deterem grandes activos (ex.: indústrias).
Visualização	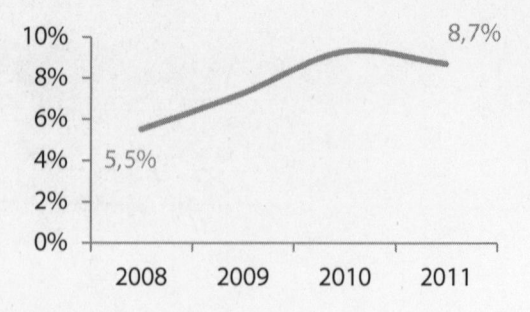

003 INDICADOR

003 Rendibilidade líquida das vendas

Para que serve?

Se uma determinada empresa apresentar uma rendibilidade líquida das vendas igual a 5,5%, significa que por cada 100 € de produto/serviço vendido, obtém no final 5,5 € de lucro líquido. É um excelente indicador para perceber a viabilidade do negócio. Quanto maior for a rendibilidade, maior é a "folga" financeira do negócio, já que os gastos são inferiores aos rendimentos.

Como se calcula?

Resultado Líquido/Rendimentos

Unid.: %

Onde se vai buscar a informação?

Direcção Financeira (Demonstração de Resultados)

Quando se deve apurar?

Mensalmente

Qual a polaridade?

Positiva (Quanto maior o valor, melhor)

Notas adicionais

Uma baixa rendibilidade líquida das vendas pode ser compensada por uma alta rotação de stocks, conduzindo a boas rendibilidades do activo, como acontece por exemplo nos hipermercados. Em negócios onde existe muita concorrência, é normal apresentarem rendibilidades baixas. Comprar as matérias-primas baratas e ter uma estrutura de custos eficiente é meio caminho para se obter uma boa rendibilidade.

Visualização

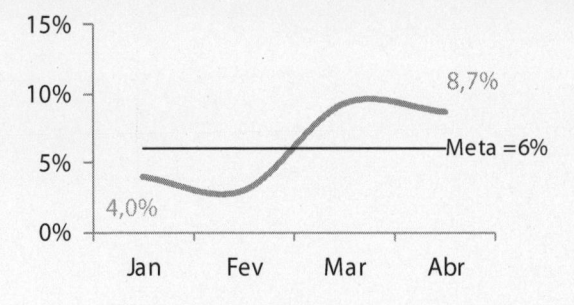

004 INDICADOR

004 Rendibilidade operacional das vendas

Para que serve?	Este Indicador analisa a relação entre os resultados operacionais e as vendas, o que permite avaliar o valor acrescentado pela actividade das vendas antes da função financeira e dos impostos. É um bom indicador para se perceber a viabilidade económica da empresa.
Como se calcula?	EBIT/Rendimentos EBIT = Earnings before interest and taxes (Resultados Operacionais) Unid.: %
Onde se vai buscar a informação?	Direcção Financeira (Demonstração de Resultados)
Quando se deve apurar?	Mensalmente
Qual a polaridade?	Positiva (Quanto maior o valor, melhor)
Notas adicionais	O resultado operacional é obtido antes de gastos de financiamento e impostos. Pode acontecer o caso de uma empresa ter uma boa rendibilidade operacional e, no entanto, estar a ter prejuízos. Nestes casos, são os custos financeiros que acabam por "comer" a margem operacional do negócio. Acontece essencialmente em empresas muito endividadas.
Visualização	

005

INDICADOR

005 Autonomia financeira

Para que serve?

Dá-nos o grau de independência da empresa face a terceiros. Indica-nos em quanto se está a financiar o activo através de capitais próprios, ou seja, o peso do capital próprio no activo. Trata-se de um indicador fundamental na análise financeira de uma empresa, já que indica a sua capacidade de solver os seus compromissos a médio e longo prazo. Um valor baixo aponta uma grande dependência da empresa em relação a terceiros.

Como se calcula?

Capitais Próprios/Activo

Unid.: %

Onde se vai buscar a informação?

Direcção Financeira (Balanço)

Quando se deve apurar?

Trimestralmente, Semestralmente, Anualmente

Qual a polaridade?

Positiva (Quanto maior o valor, melhor)

Notas adicionais

Normalmente, considera-se bom um valor superior a 20%, caso contrário, existirá provavelmente uma insuficiência entre dotação de capital próprio e excessiva dependência de capitais alheios. As instituições financeiras facilitam o crédito às empresas com autonomias financeiras elevadas, já que estas demonstram maior capacidade de honrar os compromissos.

Visualização

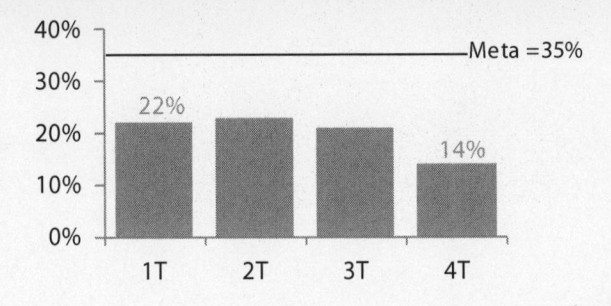

31

006

INDICADOR

006 Ponto crítico em valor

Para que serve?

Permite ao gestor identificar qual o volume de vendas a atingir para que a empresa não tenha prejuízo. Representa o ponto em valor a partir do qual a empresa começa a ter resultados de exploração positivos. Quanto mais baixo for o ponto crítico de uma empresa, mais facilmente ela o consegue atingir. Assim, menor será o seu risco económico, isto é, a probabilidade da empresa incorrer em resultados de exploração negativos.

Como se calcula?

Gastos Fixos/(1 – Gastos Variáveis/Rendimentos)

Unid.: Euros

Onde se vai buscar a informação?

Direcção Financeira (Demonstração de Resultados)

Quando se deve apurar?

Mensalmente

Qual a polaridade?

Negativa (Quanto menor o valor, melhor)

Notas adicionais

O ponto crítico é também chamado de *"Break even point"*. Por vezes, o ponto crítico de uma empresa pode aumentar. No entanto, a empresa poderá não estar a aumentar o seu risco económico, uma vez que os seus rendimentos podem estar a crescer a uma proporção maior do que os gastos operacionais.

Visualização

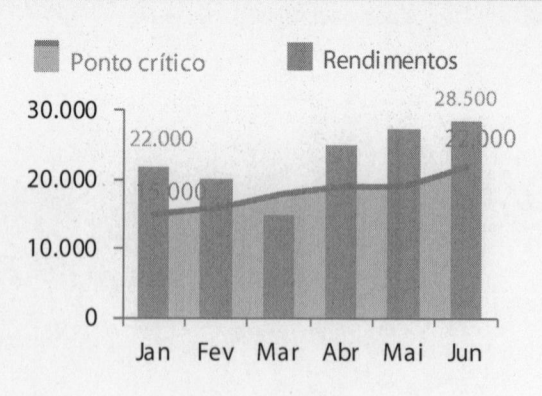

007 INDICADOR

007 Margem de segurança

Para que serve?	Apresenta o distanciamento relativo dos rendimentos alcançados pela empresa, no que diz respeito ao ponto crítico. Quanto mais baixa for a Margem de Segurança, maior será o risco económico. Visto a empresa estar a funcionar muito próximo do ponto crítico, pode a qualquer momento entrar na zona de prejuízos. Se a margem for negativa, evidencia a distância que é necessário percorrer para poder sair da zona de prejuízo e entrar na zona de lucro.
Como se calcula?	(Rendimentos/Ponto crítico) −1 Unid.: %
Onde se vai buscar a informação?	Direcção Financeira (Demonstração de Resultados)
Quando se deve apurar?	Mensalmente
Qual a polaridade?	Positiva (Quanto maior o valor, melhor)
Notas adicionais	A Margem de Segurança é um bom indicador para medir o risco económico da empresa. Quando a Margem de Segurança diminui, deve-se quase sempre a uma diminuição dos rendimentos ou a uma subida do ponto crítico, que poderá ter origem num aumento dos gastos fixos.
Visualização	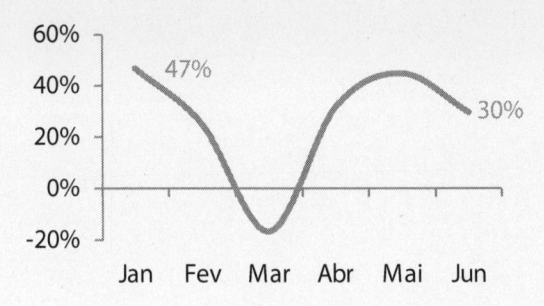

008 INDICADOR

008 Peso dos gastos fixos

Para que serve?

Identifica o peso (%) dos gastos totais que se mantêm constantes independentemente das quantidades produzidas ou vendidas pela empresa. Ou seja, quer a empresa produza ou não, ela terá sempre de contar com este gasto. É o tipo de gasto que qualquer gestor procura eliminar ou reduzir. Quanto maior for o peso dos gastos fixos, menor será a flexibilidade da empresa e menor será a sua capacidade para enfrentar períodos de actividade com menor crescimento.

Como se calcula?

Gastos Fixos/(Gastos fixos + Gastos variáveis)

Unid.: %

Onde se vai buscar a informação?

Direcção Financeira (Demonstração de Resultados)

Quando se deve apurar?

Mensalmente

Qual a polaridade?

Negativa (Quanto menor o valor, melhor)

Notas adicionais

A capacidade da empresa atravessar momentos de recessão na economia depende essencialmente do baixo peso dos seus gastos fixos. A flexibilidade é claramente um factor de competitividade para a empresa. Exemplos de gastos fixos: rendas, salários, assistências técnicas, água, electricidade, comunicações, etc.

Visualização

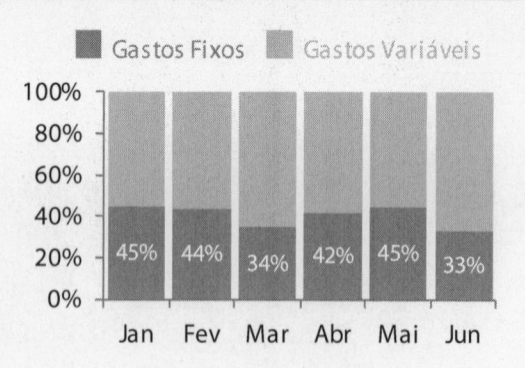

■ Gastos Fixos ■ Gastos Variáveis

	Jan	Fev	Mar	Abr	Mai	Jun
	45%	44%	34%	42%	45%	33%

INDICADOR 009

009 Custo do Passivo

Para que serve?

Mede o custo médio dos capitais alheios (passivo) utilizados pela empresa. Quanto maior, maior será o valor despendido no financiamento via capitais alheios e, por conseguinte, maior será a fragilidade financeira da empresa. Um custo muito elevado pode "consumir" a rendibilidade operacional e levar a empresa para a zona negativa. Não é sustentável a médio e longo prazo que o custo do passivo seja superior à rendibilidade operacional.

Como se calcula?

(Gastos de financiamento – Juros e rendimentos obtidos)/Passivo

Unid.: %

Onde se vai buscar a informação?

Direcção Financeira (Balanço, Demonstração de Resultados)

Quando se deve apurar?

Mensalmente, Trimestralmente

Qual a polaridade?

Negativa (Quanto menor o valor, melhor)

Notas adicionais

Convém sempre comparar o custo do passivo com a Rendibilidade Económica do Activo (REA). Sempre que o custo do passivo for inferior à REA, existe a capacidade de suportar o esforço financeiro dos capitais alheios.

Visualização

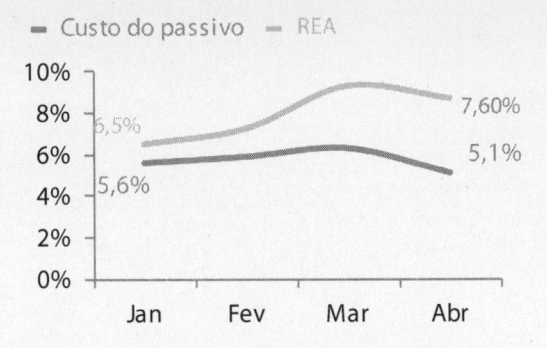

35

010 INDICADOR

010 Estrutura de endividamento

Para que serve?	Uma estrutura de endividamento elevada identifica um risco maior no que diz respeito a dificuldades de tesouraria para a empresa. Quando o passivo de curto prazo é elevado, existe uma pressão mais forte para pagamentos no imediato, o que pode originar problemas de tesouraria para a empresa caso ela não tenha disponibilidades financeiras para honrar esses compromissos.
Como se calcula?	Financiamentos obtidos do Passivo corrente/Passivo Unid.: %
Onde se vai buscar a informação?	Direcção Financeira (Balanço)
Quando se deve apurar?	Trimestralmente, Semestralmente, Anualmente
Qual a polaridade?	Negativa (Quanto menor o valor, melhor)
Notas adicionais	O passivo de curto prazo deve estar controlado. A empresa deve procurar encontrar um equilíbrio, de modo a financiar a sua actividade com capitais mais estáveis que não estejam a pressionar sistematicamente a tesouraria.
Visualização	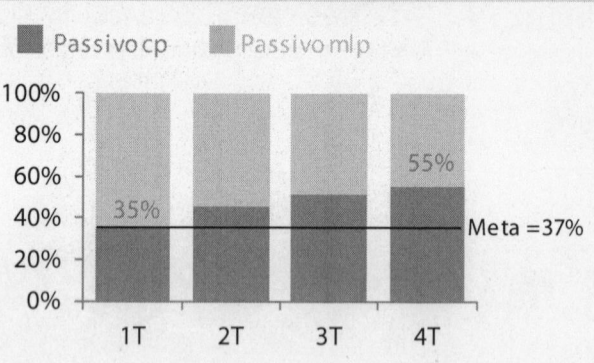

TESOURARIA

011 Disponibilidades à ordem
012 % de valores de clientes em atraso
013 % de valores de fornecedores em atraso
014 Prazo médio de recebimento (PMR)
015 Prazo médio de pagamento (PMP)
016 Liquidez geral (LG)
017 Liquidez reduzida (LR)
018 Liquidez Imediata (LI)
019 Duração do ciclo de tesouraria de exploração
020 Fundo de maneio (FM)

INDICADOR 011

011 Disponibilidades à ordem

Para que serve?	Representa a disponibilidade financeira imediata para fazer face aos pagamentos correntes da empresa. Nomeadamente, pagamentos de despesas (ex.: estado, despesas de representação, luz, água, material de escritório, comunicações, etc.) e despesas relativas a outros fornecedores (ex.: fornecedores de matérias primas, etc.). Importa estar alinhado com as previsões do orçamento de tesouraria, de modo a poder honrar os compromissos que já foram e que iram ser assumidos.
Como se calcula?	Disponibilidades financeiras nas contas à ordem Unid.: Euros
Onde se vai buscar a informação?	Contabilidade/Tesouraria
Quando se deve apurar?	Diariamente ou semanalmente
Qual a polaridade?	Positiva (Quanto maior o valor, melhor)
Notas adicionais	Pode ser útil definir o valor do saldo mínimo que permite pagar as despesas mais críticas (ex.: água, electricidade, comunicações, seguros, etc.) bem como um saldo ideal que permite dar algum conforto para os compromissos de um horizonte temporal de 1 a 2 meses.
Visualização	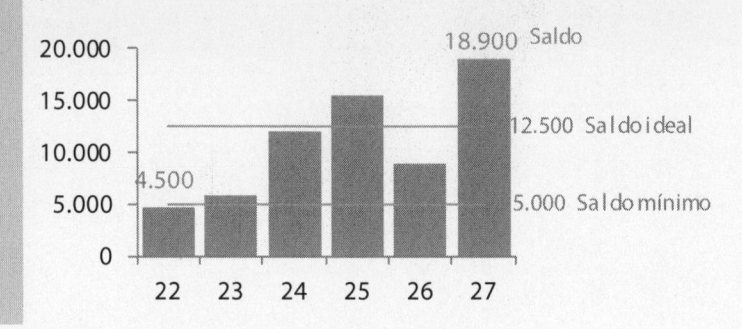

012 INDICADOR

012 % de valores de clientes em atraso

Para que serve?

Este indicador apresenta o valor dos créditos de clientes que já venceram o prazo de pagamento que tinha sido estipulado. À medida que este valor aumenta, cresce o risco de colapso da tesouraria, já que as entradas de dinheiro irão diminuir e, com isso, colocar em causa os compromissos financeiros da empresa.

Como se calcula?

Valores de clientes que já passaram o prazo de pagamento/Valores em clientes

Unid.: %

Onde se vai buscar a informação?

Contabilidade/Tesouraria

Quando se deve apurar?

Diariamente/semanalmente/mensalmente

Qual a polaridade?

Negativa (Quanto menor o valor, melhor)

Notas adicionais

Sempre que este indicador atinge valores consideráveis, importa aumentar a pressão sobre os clientes que têm valores em atraso. É também relevante perceber quais os montantes que estão em dívida há mais de 3 meses, 6 meses e 1 ano, de modo a definir prioridades para o departamento de cobranças.

Visualização

40

INDICADOR

013 % de valores de fornecedores em atraso

Para que serve?

Este indicador apresenta o valor das dívidas da empresa aos seus fornecedores que já venceram o prazo de pagamento que tinha sido estipulado. À medida que este valor aumenta, a imagem da empresa fica cada vez mais prejudicada e perde capacidade de poder adquirir matérias-primas e serviços com condições vantajosas.

Como se calcula?

Valores de fornecedores que já passaram o prazo de pagamento/Valores em fornecedores

Unid.: %

Onde se vai buscar a informação?

Contabilidade/Tesouraria

Quando se deve apurar?

Diariamente/semanalmente/mensalmente

Qual a polaridade?

Negativa (Quanto menor o valor, melhor)

Notas adicionais

Deve-se tentar minimizar este valor de forma a não prejudicar a imagem da empresa e as suas condições de pagamento. É relevante perceber quais os montantes que estão em dívida há mais de 3 meses, 6 meses e 1 ano.

Visualização

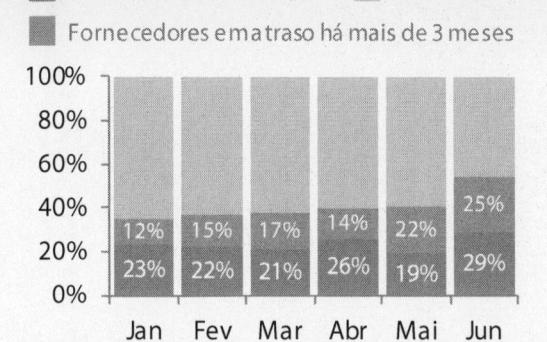

INDICADOR

014 Prazo médio de recebimento (PMR)

Para que serve?

Identifica quanto tempo demora a empresa, em média, a receber os créditos que concede aos seus clientes. Um valor alto é, em termos financeiros, desfavorável, mostrando por vezes ineficiência na área das cobranças ou falta de poder negocial junto dos clientes. Um aumento do PMR expõe a empresa a um maior risco de crédito dos seus clientes.

Como se calcula?

[Clientes/[(Rendimentos) × (1 + Taxa IVA)]] × 365

Unid.: Dias (ou meses)

Onde se vai buscar a informação?

Direcção Financeira (Balanço, Demonstração de Resultados)

Quando se deve apurar?

Mensalmente

Qual a polaridade?

Negativa (Quanto menor o valor, melhor)

Notas adicionais

A minimização deste valor ajuda a tesouraria e a imagem junto das instituições financeiras. Quanto menor for o seu valor, menor serão as necessidades de fundo de maneio por parte da empresa. Muitas empresas necessitam de recorrer a financiamento bancário para acompanhar o crédito que dão aos seus clientes, o que origina custos de financiamento, reduzindo a rendibilidade do negócio.

Visualização

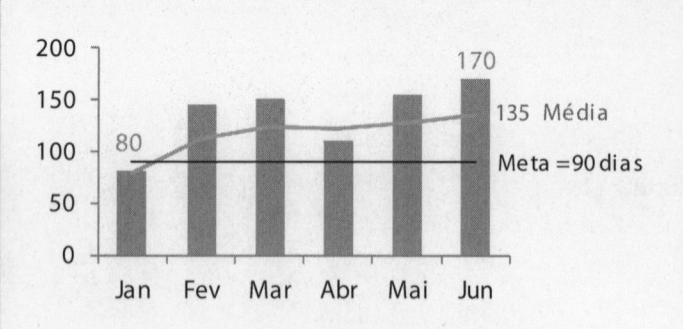

015 INDICADOR

015 Prazo médio de pagamento (PMP)

Para que serve?	Identifica quanto tempo demora a empresa, em média, a pagar as suas dívidas aos fornecedores. Um valor muito elevado pode identificar dificuldades da empresa em satisfazer as suas obrigações. No entanto, um valor baixo pode revelar falta de poder negocial da empresa perante os seus fornecedores.
Como se calcula?	[Fornecedores/[(Compras + FSE) × (1 + Taxa IVA)]] × 365 Unid.: Dias (ou meses)
Onde se vai buscar a informação?	Direcção Financeira (Balanço, Demonstração de Resultados)
Quando se deve apurar?	Mensalmente
Qual a polaridade?	Negativa (Quanto menor o valor, melhor)
Notas adicionais	Quanto mais baixo o PMP, menor o grau de financiamento que os fornecedores fazem à exploração. Um valor muito elevado pode identificar dificuldades da empresa em satisfazer as suas obrigações. A minimização deste valor ajuda a manter uma boa imagem da empresa junto de fornecedores e das instituições financeiras.
Visualização	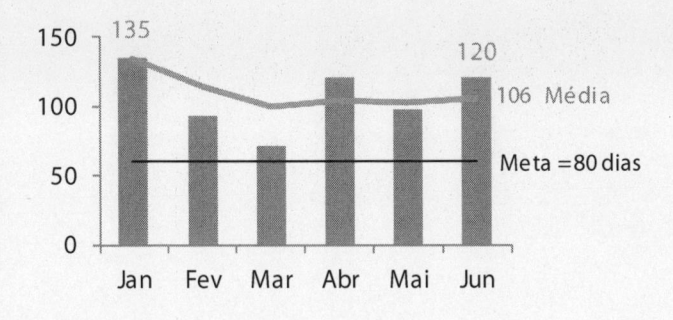

43

016

INDICADOR

016 Liquidez Geral (LR)

Para que serve?	Com os indicadores de liquidez, procura-se determinar qual a capacidade da empresa para fazer face aos seus compromissos de curto prazo. Assim, as grandezas a relacionar referem-se ao activo corrente e ao passivo corrente para a medição da liquidez, isto é, o equilíbrio financeiro de curto prazo.
Como se calcula?	Activo corrente/Passivo não-corrente Unid.: Índice
Onde se vai buscar a informação?	Direcção Financeira (Balanço)
Quando se deve apurar?	Mensalmente
Qual a polaridade?	Positiva (Quanto maior o valor, melhor)
Notas adicionais	Quanto maior o valor do indicador, maior será a capacidade da empresa em solver os compromissos de curto prazo.
Visualização	

017 INDICADOR

017 Liquidez Reduzida (LR)

Para que serve?	Relaciona os elementos mais líquidos das aplicações com o passivo corrente. É utilizado com a mesma finalidade da LG, mas admite dificuldades conjunturais e de possível falência, pelo que considera que os inventários não poderão ser transformados de imediato em dinheiro ou, pelo menos, que essa conversão será sempre abaixo do custo de inventário.
Como se calcula?	(Activo corrente – Inventários)/Passivo corrente Unid.: Índice
Onde se vai buscar a informação?	Direcção Financeira (Balanço)
Quando se deve apurar?	Mensalmente
Qual a polaridade?	Positiva (Quanto maior o valor, melhor)
Notas adicionais	O indicador de liquidez reduzida tem em vista destacar a influência dos inventários na liquidez da empresa. Aplica-se a empresas em que os inventários têm um peso elevado no seu activo. Quanto maior o valor do indicador, maior será a capacidade da empresa em solver os compromissos de curto prazo.
Visualização	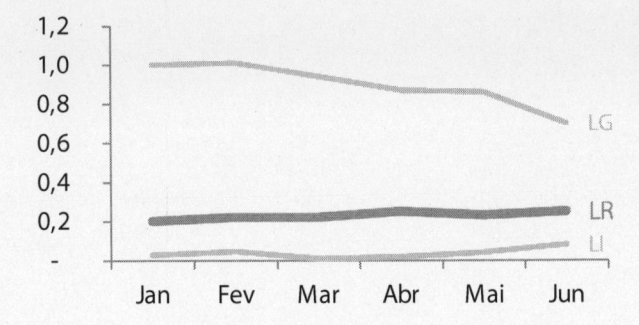

018 INDICADOR

018 Liquidez imediata (LI)

Para que serve?	Dá-nos a conhecer o grau de cobertura do passivo circulante por disponibilidades. Quanto maior o valor do indicador, maior será a capacidade da empresa em solver os compromissos de curto prazo.
Como se calcula?	Disponibilidades/Passivo corrente Unid.: Índice
Onde se vai buscar a informação?	Direcção Financeira (Balanço)
Quando se deve apurar?	Mensalmente
Qual a polaridade?	Positiva (Quanto maior o valor, melhor)
Notas adicionais	Note-se que este indicador não tem qualquer racionalidade do ponto de vista da gestão financeira, pois uma gestão financeira eficiente deve minimizar o volume de disponibilidades, diminuindo, dessa forma, as necessidades de financiamento.
Visualização	

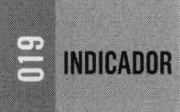

INDICADOR

019 Duração do ciclo de tesouraria de exploração

Para que serve?

O ciclo de tesouraria de exploração inicia-se com a aquisição de matérias-primas e conclui-se com os recebimentos efectivos dos clientes. Este ciclo é dependente de três variáveis: duração média de inventários em armazém, prazo médio de recebimento e prazo médio de pagamento. Quanto maior o ciclo de tesouraria, maior será o esforço pedido ao fundo de maneio.

Como se calcula?

Duração Média de Inventários em Armazém (DMIA) + PMR – PMP
DMIA = (Inventários/Vendas) × 365

Unid.: Dias (ou meses)

Onde se vai buscar a informação?

Direcção Financeira (Balanço, Demonstração de Resultados)

Quando se deve apurar?

Mensalmente

Qual a polaridade?

Negativa (Quanto menor o valor, melhor)

Notas adicionais

A DMIA exprime o tempo que as existências em armazém permitem satisfazer os consumos da empresa. A optimização da duração do ciclo de tesouraria obriga à existência de um equilíbrio entre a redução dos recebimentos, a folga dos pagamentos, as condições de pagamento e as políticas de crédito da empresa.

Visualização

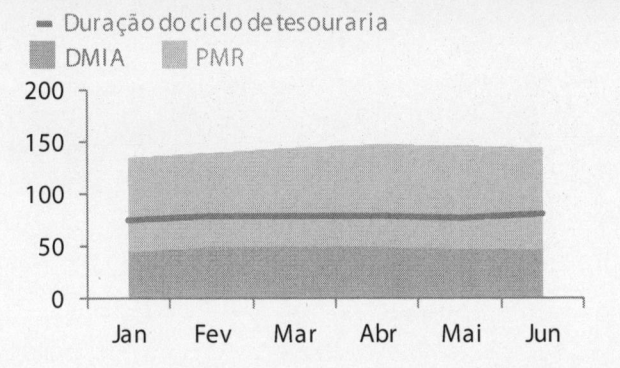

020 INDICADOR

020 Fundo de Maneio (FM)

Para que serve?	Para colmatar a existência de rupturas de tesouraria, é necessário que a empresa disponha de uma margem de segurança. Esta margem de segurança toma a designação de Fundo de Maneio (FM). A determinação do FM tem uma importância crítica na gestão das empresas, já que é aqui onde as empresas investem uma grande parte da sua liquidez.
Como se calcula?	Capitais Permanentes – Activo não-corrente Unid.: Euros
Onde se vai buscar a informação?	Direcção Financeira (Balanço)
Quando se deve apurar?	Mensalmente
Qual a polaridade?	Positiva (Quanto maior o valor, melhor)
Notas adicionais	Os capitais permanentes são constituídos pelos capitais próprios e pelo passivo não corrente. Servirão para financiar quer o activo não-corrente quer o activo corrente. O Fundo de Maneio exprime assim a parcela das origens cujo grau de exigibilidade é fraco e que está a financiar aplicações cujo grau de liquidez é elevado.
Visualização	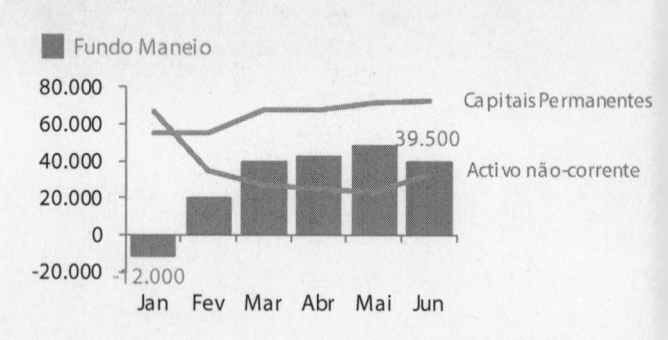

RECURSOS HUMANOS

021 Taxa de absentismo
022 Remuneração média por trabalhador
023 Leque salarial ilíquido
024 Taxa de trabalho extraordinário
025 Índice de tecnicidade
026 Idade média
027 Antiguidade média
028 Taxa de contratação a termo
029 Taxa de incidência de acidentes no local de trabalho
030 Média de horas de formação por trabalhador

021 INDICADOR

021 Taxa de absentismo

Para que serve?

O absentismo é a expressão utilizada para designar as faltas ou ausências dos colaboradores no seu posto de trabalho. Ou seja, o absentismo é tempo trabalhável que, na prática, não foi utilizado. São excluídos dos dias trabalháveis as férias, os feriados e os dias de descanso semanal. O absentismo pode ainda ser classificado de curtíssima duração (até 3 dias), de curta duração (até 30 dias) e de longa duração (mais de 30 dias).

Como se calcula?

Nº de horas de ausência ao trabalho num período/Nº de horas potenciais de trabalho no período

Unid.: %

Onde se vai buscar a informação?

Departamento de pessoal

Quando se deve apurar?

Mensalmente

Qual a polaridade?

Negativa (Quanto menor o valor, melhor)

Notas adicionais

As principais causas do absentismo são: doenças, acidentes de trabalho, faltas justificadas, atrasos, faltas injustificadas, suspensão disciplinar, greves internas, situações familiares (assistência inadiável, luto, casamento, etc.), serviço militar, formação, actividade de organismos representativos de trabalhadores (sindical, comissão de trabalhadores). A taxa de absentismo pode ainda ser segmentada em função das causas.

Visualização

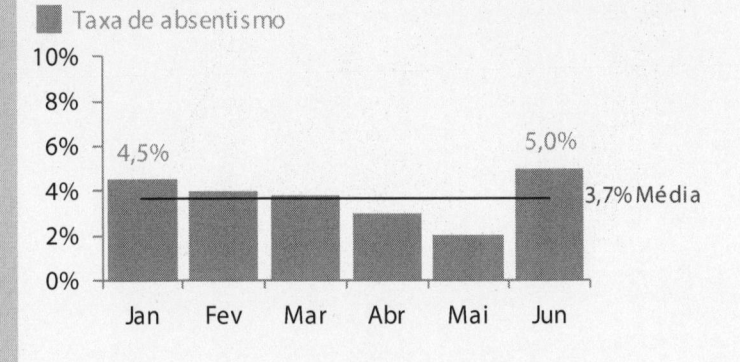

Taxa de absentismo

022 INDICADOR

022 Remuneração média por Trabalhador

Para que serve?	Indica o nível de salários praticados pela empresa. Corresponde à remuneração média que cada trabalhador aufere por um ano de trabalho na empresa. Acaba por ser um indicador extremamente importante, na medida em que identifica um dos custos principais da empresa e permite compará-lo com a média do sector.
Como se calcula?	Remunerações anuais dos colaboradores/Nº de colaboradores Unid.: Euros
Onde se vai buscar a informação?	Departamento de pessoal
Quando se deve apurar?	Anualmente
Qual a polaridade?	Depende da estratégia da empresa
Notas adicionais	Um valor baixo tanto pode indicar competitividade nos gastos com pessoal, mas também pode indicar que a empresa tem colaboradores menos qualificados e com baixa motivação. Importa analisar este valor relativamente à média do sector e enquadrado na estratégia da empresa.
Visualização	

Remunrenação média por trabalhador
— Média do sector

023 INDICADOR

023 Leque salarial ilíquido

Para que serve?
O índice do leque salarial indica o nº de vezes que a remuneração mais elevada cobre a remuneração mais baixa. Quanto maior for este valor, maior será a distância entre a remuneração mais elevada e a remuneração mais baixa.

Como se calcula?
Maior remuneração base ilíquida/Menor remuneração base ilíquida

Unid.: Índice

Onde se vai buscar a informação?
Departamento de pessoal

Quando se deve apurar?
Anualmente

Qual a polaridade?
Depende da estratégia da empresa

Notas adicionais
Um aumento do leque salarial pode indicar a existência de desequilíbrio salarial na empresa. Importa analisar este índice, tendo em conta o género e por categorias. É importante também perceber o posicionamento da remuneração base ilíquida média da empresa. O valor óptimo deste indicador depende da estratégia da empresa.

Visualização

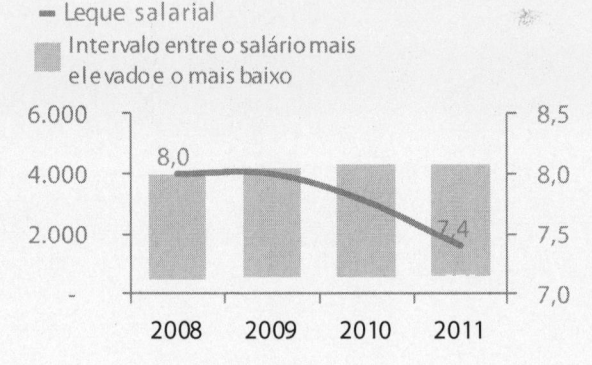

024 INDICADOR

024 Taxa de trabalho extraordinário

Para que serve?	A taxa de trabalho extraordinário refere-se ao peso do número de horas de trabalho extraordinário realizado em relação ao total de horas trabalháveis (considerando o total de trabalhadores que exerceram funções no período em referência).
Como se calcula?	Número de horas de trabalho extraordinário/Total de horas trabalháveis Unid.: %
Onde se vai buscar a informação?	Departamento de pessoal
Quando se deve apurar?	Mensalmente
Qual a polaridade?	Negativa (Quanto menor o valor, melhor)
Notas adicionais	Um elevado peso das horas de trabalho extraordinário é sinónimo de um acréscimo de gastos por parte da empresa com as despesas com pessoal. Indica também que existiram situações não previstas/excepcionais na actividade da empresa.
Visualização	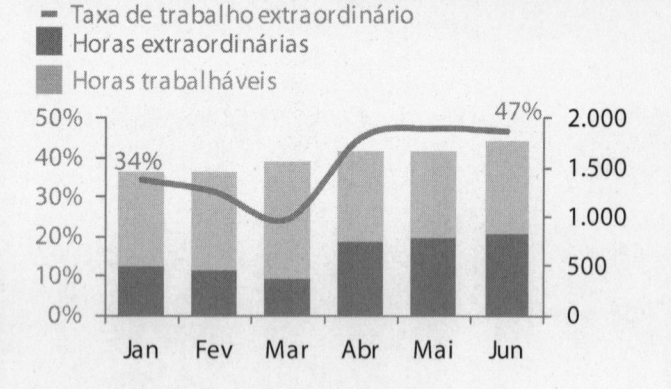

025 INDICADOR

025 Índice de tecnicidade

Para que serve?

Identifica o peso dos colaboradores que são considerados técnicos superiores. Em algumas empresas é crítico ter um índice de tecnicidade elevado, já que pode ser sinónimo de uma empresa que aposta/investe forte na contratação de quadros qualificados.

Como se calcula?

Número de técnicos superiores/Total de colaboradores

Unid.: %

Onde se vai buscar a informação?

Departamento de pessoal

Quando se deve apurar?

Quadrimestralmente/Anualmente

Qual a polaridade?

Depende do tipo de empresa

Notas adicionais

A interpretação deste indicador depende do tipo de empresa. Existem empresas onde este índice é muito baixo devido à forte componente de colaboradores operacionais (ex.: empresas de construção civil, empresas agrícolas, etc.). Existem outras empresas em que o peso de técnicos superiores deve ser muito elevado (ex.: empresas de consultoria, de informática, de investigação, farmacêuticas, etc.)

Visualização

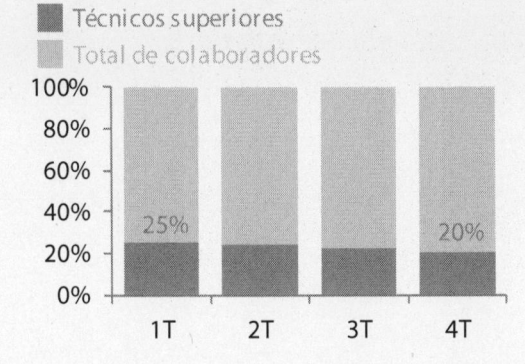

026 INDICADOR

026 Idade média

Para que serve?	Indica a idade média dos colaboradores da empresa. Este indicador pode ser calculado por categorias, por género, por habilitações, por departamentos, etc. Permite perceber o nível de envelhecimento dos colaboradores da empresa.
Como se calcula?	$\sum$ das idades/Nº de pessoas ao serviço Unid.: Anos
Onde se vai buscar a informação?	Departamento de pessoal
Quando se deve apurar?	Anualmente
Qual a polaridade?	Depende da estratégia da empresa
Notas adicionais	A análise da idade média deve ser analisada com algum cuidado. Em algumas empresas, um nível elevado pode ser sinónimo de recursos humanos com muita experiência. Noutras empresas, poderia ser indício de baixa capacidade operacional devido ao envelhecimento dos seus quadros.
Visualização	

027 INDICADOR

027 Antiguidade média

Para que serve?	Indica o número médio de anos que os colaboradores estão ao serviço da empresa. Não existindo alterações no quadro de colaboradores, o resultado deste indicador incrementa todos os anos um ano.
Como se calcula?	∑ das antiguidades/Nº de pessoas ao serviço Unid.: Anos
Onde se vai buscar a informação?	Departamento de pessoal
Quando se deve apurar?	Anualmente
Qual a polaridade?	Depende
Notas adicionais	Um valor elevado da antiguidade média pode indicar estabilidade da empresa, mas também pode reduzir a capacidade da empresa em inovar. Quanto maior a antiguidade média, maiores serão os custos associados à indeminização dos colaboradores
Visualização	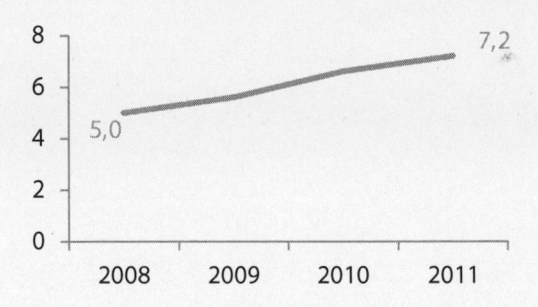

028 INDICADOR

028 Taxa de contratação a termo

Para que serve?	Apresenta a relação entre os colaboradores que estão a termo na empresa relativamente aos efectivos. Se o valor for igual a 100%, significa que existem tantos colaboradores a termo como colaboradores efectivos.
Como se calcula?	Número de contratados a termo/Total de efectivos do quadro Unid.: %
Onde se vai buscar a informação?	Departamento de pessoal
Quando se deve apurar?	Mensalmente/Trimestralmente
Qual a polaridade?	Depende da estratégia da empresa
Notas adicionais	A análise deste indicador depende da estratégia da empresa. Um valor elevado da taxa de contratação a termo pode indicar a existência de alguma flexibilidade na política laboral, mas também pode indiciar alguma instabilidade derivada à provável rotação de colaboradores a termo.
Visualização	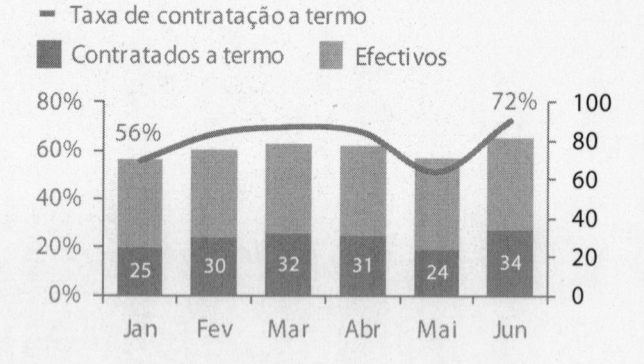

029 INDICADOR

029 Taxa de incidência de acidentes no local de trabalho

Para que serve?

Indica o nível de segurança no trabalho e a eficácia das medidas preventivas adoptadas pela empresa. Considera-se acidente de trabalho os "decorrentes das características da actividade profissional desempenhada" (acidentes de trabalho típicos) e os "ocorrido no percurso entre a residência e o local de trabalho e vice-versa" (acidentes de trabalho de trajecto). Estes últimos, os acidentes de trajecto, têm determinantes muito variadas que dificultam a sua caracterização.

Como se calcula?

Número de acidentes no local de trabalho/Total de colaboradores

Unid.: %

Onde se vai buscar a informação?

Departamento de pessoal

Quando se deve apurar?

Semanalmente/Mensalmente

Qual a polaridade?

Negativa (Quanto menor o valor, melhor)

Notas adicionais

Os acidentes de trabalho, na maior parte das vezes, acontecem por culpa das empresas que não cumprem as normas de segurança e não agem preventivamente. O número de acidentes de trabalho diminui se a empresa: i) Identificar as potenciais situações de risco; ii) Investir em medidas de segurança; iii) Adoptar programas de prevenção.

Visualização

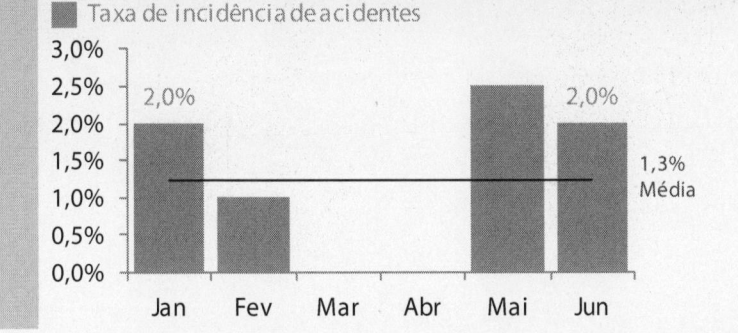

Taxa de incidência de acidentes

030 INDICADOR

030 Média de horas de formação por trabalhador

Para que serve?	Identifica o numero de horas médio de formação que os trabalhadores de uma empresa tiveram durante um ano. A legislação do trabalho obriga a que as entidades empregadoras assegurem um número mínimo de horas de formação aos seus colaboradores, de modo a garantir a permanente actualização dos conhecimentos e competências.
Como se calcula?	Total de horas de formação/Nº de trabalhadores Unid.: %
Onde se vai buscar a informação?	Departamento de pessoal
Quando se deve apurar?	Mensalmente/Trimestralmente
Qual a polaridade?	Positiva (Quanto maior o valor, melhor)
Notas adicionais	Este indicador deve ser analisado por género, por habilitações e por categorias. Será complementar perceber a % de colaboradores da empresa que frequentou as acções de formação.
Visualização	Nº de horas de formação por colaborador 35h Meta 1T: 8 2T: 12 3T: 25 4T: 33

60

SISTEMAS DE INFORMAÇÃO

031 Número de incidentes
032 Tempo médio de resposta aos incidentes
033 Taxa de incidentes reabertos
034 Tipo de incidentes
035 % de incidentes resolvidos remotamente
036 Downtime
037 Número de pedidos de apoio pelos utilizadores
038 % de largura de banda usada
039 Custo de manutenção das TI
040 Peso das TI no investimento global

031 INDICADOR

031 Número de incidentes

Para que serve?

Um incidente é qualquer evento que indisponibilize total ou parcialmente um serviço. Incidentes na área das tecnologias de informação (TI) são praticamente inevitáveis. Garantir que os melhores níveis de disponibilidade e de qualidade dos serviços sejam mantidos conforme os acordos de nível de serviço é um dos principais objectivos do departamento de informática na área de gestão de incidentes.

Como se calcula?

$\sum$ do número de incidentes

Unid.: Nº

Onde se vai buscar a informação?

Departamento de informática

Quando se deve apurar?

Semanalmente

Qual a polaridade?

Negativa (Quanto menor o valor, melhor)

Notas adicionais

O aumento do númdero de incidentes pode ter origem na antiguidade das infra-estruturas informáticas. Equipamentos mais obsoletos têm maior probabilidade de gerar incidentes. A resolução dos incidentes é uma actividade consumidora de recursos humanos, pelo que poderá estar a retirar disponibilidade para outras actividades do departamento.

Visualização

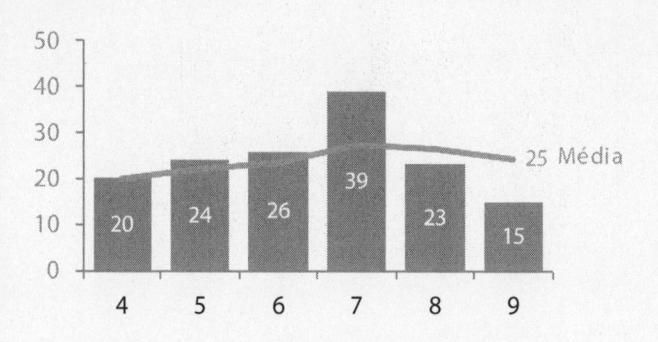

Nº de incidentes

4	5	6	7	8	9
20	24	26	39	23	15

25 Média

032 INDICADOR

032 Tempo médio de resposta aos incidentes

Para que serve?

Este indicador procura medir o tempo médio, por exemplo em minutos, entre a detecção de um incidente e a primeira acção, tendo em vista a sua reparação. É um indicador orientado para medir a eficácia da capacidade de resposta do departamento de informática na gestão de incidentes.

Como se calcula?

∑ do tempo de resposta aos incidentes/Nº de incidentes

Unid.: Minutos

Onde se vai buscar a informação?

Departamento de informática

Quando se deve apurar?

Semanalmente

Qual a polaridade?

Negativa (Quanto menor o valor, melhor)

Notas adicionais

O tempo de resposta a um incidente é calculado medindo o tempo que decorre entre a detecção/comunicação do incidente e a primeira acção do departamento de informática, tendo em vista a sua resolução. Tempos elevados de resposta podem ter como causa a baixa capacidade de resposta do departamento de informática, nomeadamente porque não existem técnicos suficientes para toda a actividade do departamento.

Visualização

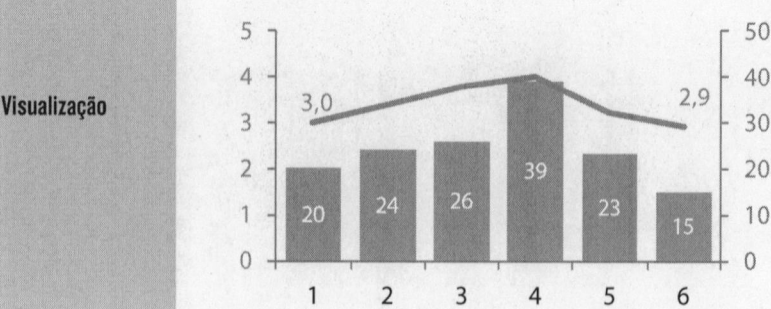

033

INDICADOR

033 Taxa de incidentes reabertos

Para que serve?	Permite perceber o nível de eficácia na resolução dos incidentes. Quanto maior for a taxa de incidentes reabertos, menor terá sido a qualidade do serviço do departamento de informática na resolução dos problemas.
Como se calcula?	Nº de incidentes reabertos/Nº total de incidentes Unid.: %
Onde se vai buscar a informação?	Departamento de informática
Quando se deve apurar?	Mensalmente
Qual a polaridade?	Negativa (Quanto menor o valor, melhor)
Notas adicionais	Uma taxa elevada de incidentes também pode estar associada aos problemas crónicos das infra-estruturas obsoletas.
Visualização	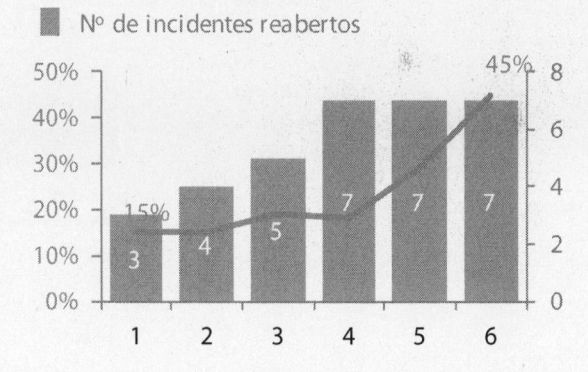

65

034 INDICADOR

034 Tipo de incidentes

Para que serve?

Perceber o tipo de incidentes e a frequência com que estão a surgir é fundamental para que o departamento de informática possa compreender as ameaças e definir as suas prioridades de actuação. Os incidentes são registrados, classificados e atribuídos aos técnicos adequados e a evolução da sua resolução deve ser sempre monitorizada.

Como se calcula?

Tipo de incidentes por tipo

Unid.: Nº

Onde se vai buscar a informação?

Departamento de informática

Quando se deve apurar?

Mensalmente

Qual a polaridade?

Negativa (Quanto menor o valor, melhor)

Notas adicionais

Podem ser criados níveis de criticidade para os incidentes, com base no impacto (quantas pessoas/sistemas estão sendo afectados) e na urgência (o quão rápido precisa ser restabelecido) do incidente. Desta forma, torna-se mais claro saber quais os incidentes que precisam ser atendidos em primeiro lugar.

Visualização

Tipo	Valor
Aplicação indisponível	5
Lentidão na rede	3
Site down	2
Antivírus desatualizado	1
Falha no servidor	1

035 INDICADOR

035 % de incidentes resolvidos remotamente

Para que serve?	É um indicador que procura identificar o nº de incidentes que foram resolvidos sem o recurso à deslocação de um técnico ao local do incidente. Este indicador procura medir a eficiência da gestão de incidentes.
Como se calcula?	Nº de incidentes resolvidos remotamente/Nº de incidentes resolvidos Unid.: %
Onde se vai buscar a informação?	Departamento de informática
Quando se deve apurar?	Semanalmente
Qual a polaridade?	Positiva (Quanto maior o valor, melhor)
Notas adicionais	Quanto mais rapidamente os serviços forem restabelecidos para os utilizadores, sem a necessidade de deslocação de técnicos, menores serão os impactos na actividade da empresa causados por falhas na área de TI.
Visualização	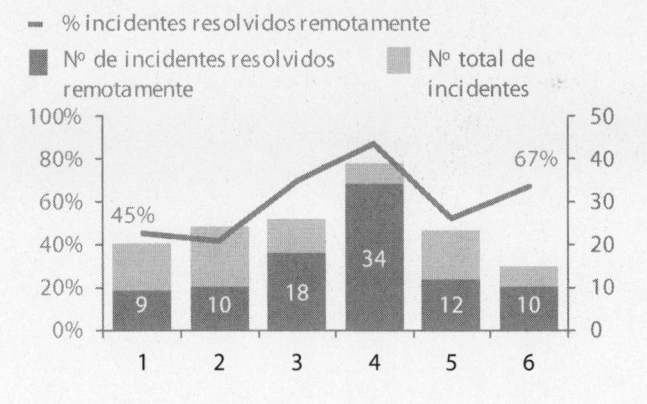

036 INDICADOR	036 Downtime
Para que serve?	Mede o tempo em que os sistemas estiveram indisponíveis por causas não planeadas. Ou seja, Downtime é o inverso de disponibilidade e que pode ser traduzido pela incapacidade de um serviço, componentes ou algum item de configuração exercer a sua função acordada quando requerida.
Como se calcula?	Tempo de indisponibilidade/Tempo de disponibilidade acordado Unid.: %
Onde se vai buscar a informação?	Departamento de informática
Quando se deve apurar?	Mensalmente
Qual a polaridade?	Negativa (Quanto menor o valor, melhor)
Notas adicionais	A indisponibilidade de servidores ou das aplicações pode acarretar custos muito elevados para a empresa. As causas de indisponibilidade de um serviço são os incidentes. Existem paragens do sistema planeadas como, por exemplo, upgrades e backups, que importam ser diferenciadas, uma vez que não ocorrem por factos inesperados.
Visualização	▬ Downtime mensal ▬ Média do Downtime mensal

INDICADOR

037 Nº de pedidos de apoio pelos utilizadores

Para que serve?	Identifica o nº de pedidos de ajuda/apoio por e-mail ou por telefone efectuado por parte dos utilizadores dos sistemas de informação. Os pedidos de apoio podem ser de vários tipos: solicitação de ajuda para operar/instalar aplicações, instalação de periféricos, lentidão dos PC, etc.
Como se calcula?	$\sum$ do nº de pedidos via e-mail ou telefone Unid.: Nº
Onde se vai buscar a informação?	Departamento de informática
Quando se deve apurar?	Semanalmente
Qual a polaridade?	Negativa (Quanto menor o valor, melhor)
Notas adicionais	Um número elevado de pedidos de apoio pode ter como causas a utilização de novas aplicações/equipamentos ou os problemas gerados por parte de infra--estruturas obsoletas.
Visualização	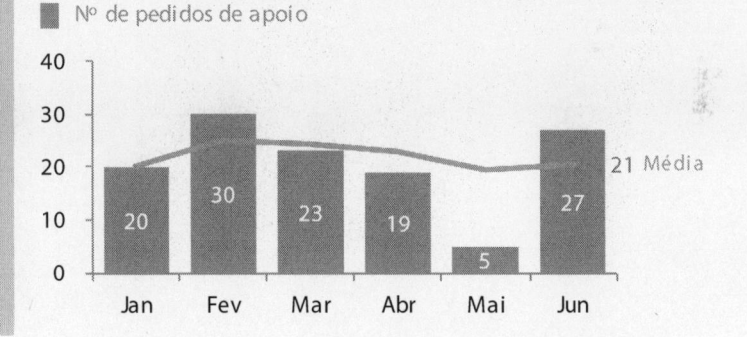

Nº de pedidos de apoio

21 Média

Jan 20 Fev 30 Mar 23 Abr 19 Mai 5 Jun 27

038 INDICADOR

038 % de largura de banda usada

Para que serve?	Largura de Banda ou Bandwidth indica a capacidade de transmissão de uma rede, determinando a velocidade a que os dados passam através dela. Este indicador pretende medir a diferença entre a rede utilizada e a largura disponibilizada.
Como se calcula?	Largura de banda utilizada/Largura de banda disponível Unid.: %
Onde se vai buscar a informação?	Departamento de informática
Quando se deve apurar?	Diariamente
Qual a polaridade?	Negativa (Quanto menor o valor, melhor)
Notas adicionais	Podem ser parametrizadas limitações a velocidade de transferência de dados para determinadas aplicações/utilizadores, de modo a garantir velocidades superiores para as actividades prioritárias da empresa.
Visualização	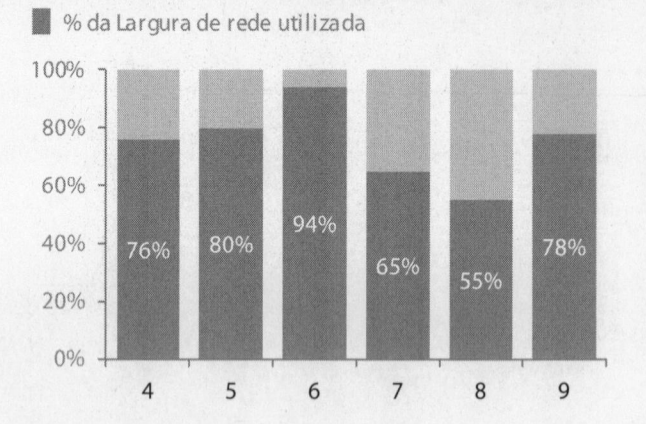

% da Largura de rede utilizada

70

039 INDICADOR

039 Custo de manutenção das TI

Para que serve?

O custo de manter em funcionamento toda a infra-estrutura dos sistemas de informação pode ter impacto significativo nos gastos da empresa. Conhecer o seu valor, acompanhar a sua evolução ao longo do ano e perceber o seu impacto após novos investimentos em TI é fundamental para se analisar com rigor o retorno do investimento.

Como se calcula?

∑ dos gastos na manutenção das TI (Licença, aquisições, contratos de serviços, seguros, etc.)

Unid.: Euros

Onde se vai buscar a informação?

Direcção Financeira/Departamento de informática

Quando se deve apurar?

Mensalmente/Trimestralmente

Qual a polaridade?

Negativa (Quanto menor o valor, melhor)

Notas adicionais

Existem empresas onde o investimento em TI é bastante elevado, dada a especificidade das suas actividades. O custo de manutenção das TI depende essencialmente do tipo de investimento efectuado em TI. Importa não só perceber a evolução do valor como também o peso de cada um dos gastos que o compõem.

Visualização

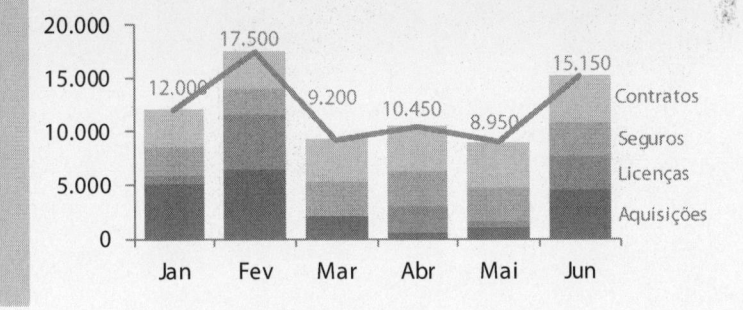

040 INDICADOR

040 Peso das TI no investimento global

Para que serve?	Identifica o nível de importância dos investimentos efectuados em TI, tendo em conta a globalidade dos investimentos da empresa.
Como se calcula?	Investimento em TI/Investimento total Unid.: %
Onde se vai buscar a informação?	Direcção Financeira/Departamento de informática
Quando se deve apurar?	Trimestralmente/Semestralmente
Qual a polaridade?	Não aplicável
Notas adicionais	O peso das TI no investimento depende essencialmente de vários factores: i) sector da actividade em que se insere a empresa; ii) a fase de vida em que se encontram as suas infra-estruturas de TI; iii) a aposta estratégica relativamente ao nível de infra-estruturas desejado. Importa comparar o valor deste indicador com o valor do sector, bem como aos valores de outras empresas similares.
Visualização	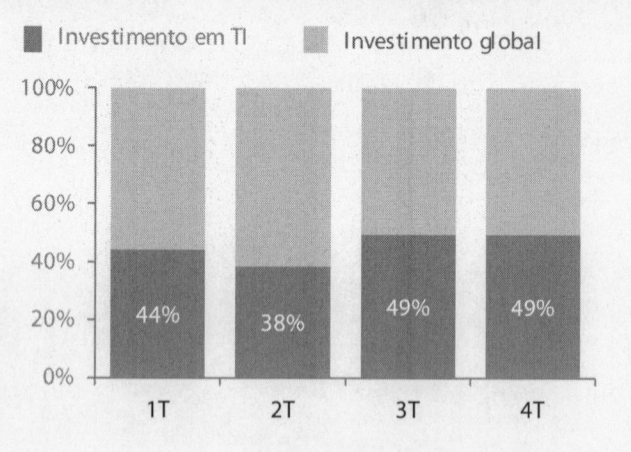

PROJECTOS

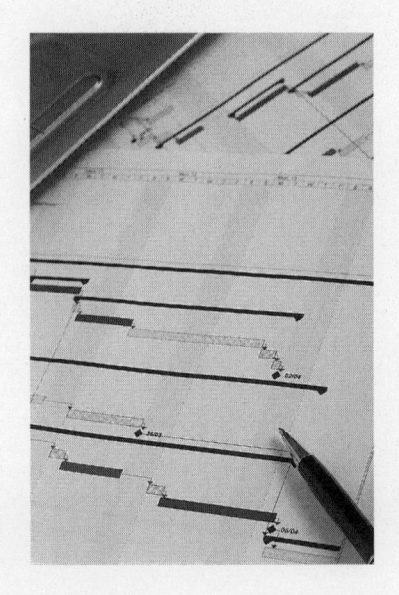

041 % da execução física do projecto
042 % do desvio do orçamento
043 % da execução do projecto
044 Nº de tarefas concluídas/em execução/em atraso/por concluir
045 Nº de dias de atraso do projecto
046 % de projectos dentro do calendário e dentro do orçamento
047 Nº médio de alterações às definições dos projectos
048 Tempo médio para aprovação dos projectos
049 % de projectos com risco elevado
050 Taxa de satisfação dos stakeholders com os resultados dos projectos

041 INDICADOR

041 % da execução física do projecto

Para que serve?
Este indicador pretende identificar a % de concretização do projecto. Permite perceber se um projecto ainda está no início, no meio ou perto do fim. No caso de ter 100%, significa que está concluído. Para que seja apurado, é necessário que para todas as tarefas estejam identificadas as cargas de duração.

Como se calcula?
Duração das tarefas já concluídas/Duração total das tarefas do projecto

Unid.: %

Onde se vai buscar a informação?
Área de projectos

Quando se deve apurar?
Semanalmente/Mensalmente

Qual a polaridade?
Positiva (Quanto maior o valor, melhor)

Notas adicionais
Existir um atraso no início de um projecto não é tão grave como haver um atraso no fim de um projecto. No fim, significa que já se consumiu a maior parte dos recursos e é sempre mais difícil mudar as equipas, ou seja, existe sempre menor margem de manobra para tomar decisões com vista à correcção do atraso. Importa cruzar este indicador com a % de execução física prevista, de forma a identificar o desvio.

Visualização

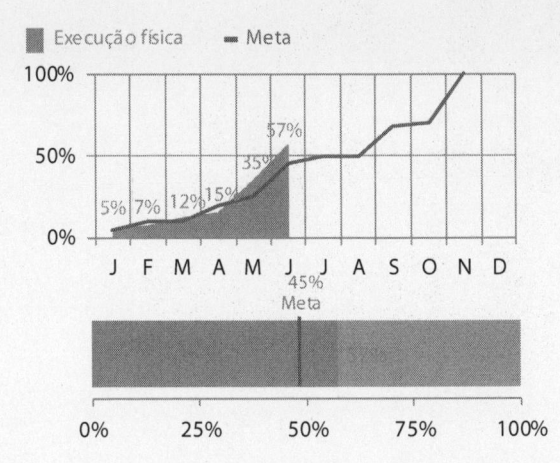

042 INDICADOR

042 % do desvio do orçamento

Para que serve?	Este indicador pretende determinar se existe desvio financeiro entre o realizado e o previsto no orçamento, tendo em conta as tarefas já concluídas. Para se poder calcular este indicador é necessário que seja estimado o custo de cada tarefa do projecto. Importa também que a empresa consiga calcular em tempo útil os gastos das tarefas concluídas.
Como se calcula?	(Gastos das tarefas concluídas – Orçamento para as tarefas concluídas)/Orçamento para as tarefas concluídas Unid.: %
Onde se vai buscar a informação?	Área de projectos
Quando se deve apurar?	Mensalmente
Qual a polaridade?	Negativa (Quanto menor o valor, melhor)
Notas adicionais	Quando se obtém um valor negativo, por exemplo –20%, significa que houve uma poupança de 20% face ao previsto. No caso do valor do desvio ser positivo, significa que se está a gastar mais do que o previsto.
Visualização	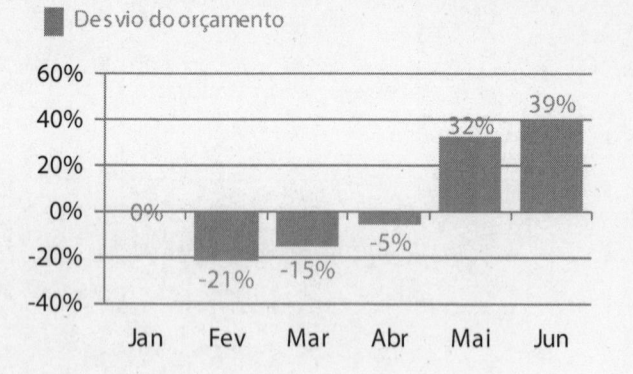

Desvio do orçamento

043 INDICADOR

043 % da execução financeira do projecto

Para que serve?	Este indicador pretende apresentar a % do orçamento que já está realizada, ou seja, que já foi gasta nas tarefas concluídas do projecto. A actualização/revisão do projecto em termos financeiros e físicos é fundamental, de modo a que este indicador continue a ser pertinente para os gestores.
Como se calcula?	Gastos das tarefas concluídas/Orçamento total do projecto Unid.: %
Onde se vai buscar a informação?	Área de projectos
Quando se deve apurar?	Mensalmente
Qual a polaridade?	Positiva (Quanto maior o valor, melhor)
Notas adicionais	Pode acontecer que a execução financeira seja elevada. No entanto, acontece porque existem desvios positivos no orçamento, ou seja, está-se a gastar mais do que o previsto. A manter-se esta situação, deixará de existir suporte financeiro para as últimas tarefas do projecto.
Visualização	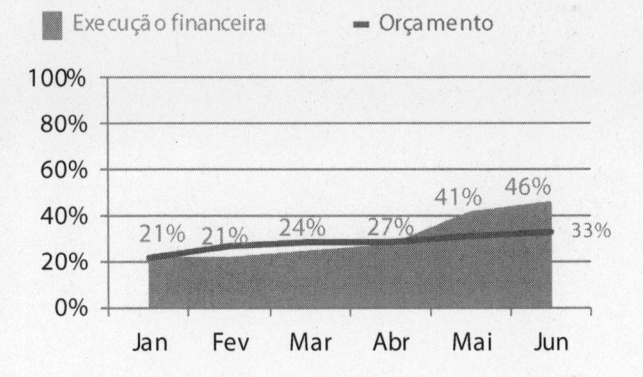

044 INDICADOR

044 Nº de tarefas concluídas/em execução/em atraso/por concluir

Para que serve?	Este indicador pretende dar a conhecer o estado de execução física das tarefas do projecto. Pode ser utilizado para monitorizar as tarefas já concluídas, as que estão em execução, as que estão em atraso e as que estão por concluir.
Como se calcula?	$\sum$ das tarefas concluídas/em execução/em atraso/por concluir Unid.: Nº
Onde se vai buscar a informação?	Área de projectos
Quando se deve apurar?	Semanalmente/Mensalmente
Qual a polaridade?	Depende do indicador
Notas adicionais	As tarefas realizadas são aquelas que já foram concluídas a 100%, as tarefas em execução significam que já foram iniciadas e que ainda não estão terminadas, as tarefas em atraso são aquelas que já deviam estar concluídas ou em execução e não estão e as tarefas por concluir são as que estão previstas no calendário para os próximos períodos.
Visualização	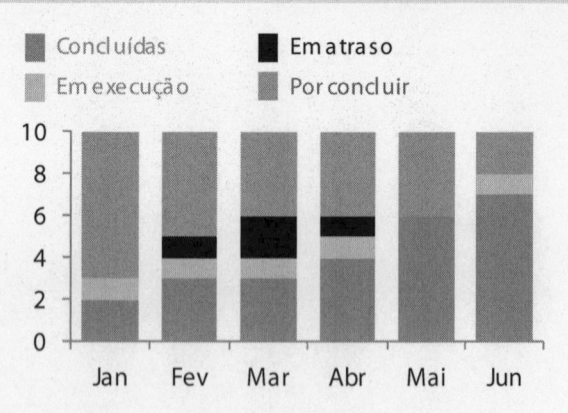

045 INDICADOR

045 Nº de dias de atraso do projecto

Para que serve?	Este indicador permite perceber a dimensão do atraso do projecto relativamente à data inicialmente prevista para o seu encerramento. Costuma ser um dos indicadores mais importantes na gestão de projectos, uma vez que nesta área as *deadlines* para o encerramento dos projectos são consideradas críticas.
Como se calcula?	Σ Nº dias de atraso do projecto Unid.: Dias
Onde se vai buscar a informação?	Área de projectos
Quando se deve apurar?	Semanalmente/Mensalmente
Qual a polaridade?	Negativa (Quanto menor o valor, melhor)
Notas adicionais	Este indicador costuma ser o ponto de partida para a revisão dos projectos. O incumprimento de uma data de encerramento de um projecto pode dar origem à reanálise do calendário e ao reajustamento dos recursos (humanos, financeiros, materiais) que lhes estão afectos, quer para tentar cumprir a data ou simplesmente para não atrasar mais.
Visualização	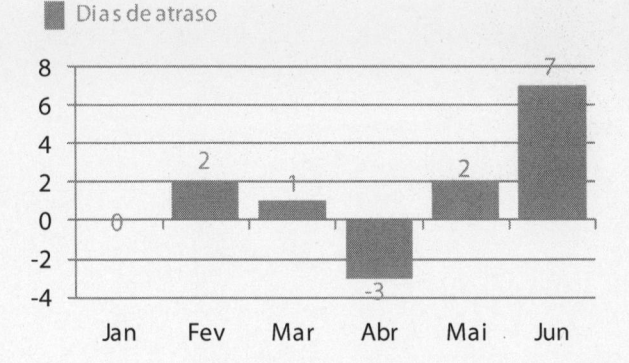

046 INDICADOR

046 % de projectos dentro do calendário e dentro do orçamento

Para que serve?	Este indicador pretende apresentar a % de projectos da carteira que estão a cumprir o calendário e o orçamento. Na prática, apresenta os projectos que estão a ser executados correctamente cumprindo todo o planeamento inicial.
Como se calcula?	Nº de projectos dentro do calendário e do orçamento/Nº total de projectos em carteira Unid.: %
Onde se vai buscar a informação?	Área de projectos
Quando se deve apurar?	Semanalmente/Mensalmente
Qual a polaridade?	Positiva (Quanto maior o valor, melhor)
Notas adicionais	Este indicador é utilizado para análise de carteiras de projecto e não apenas para um projecto individual. Faz sentido para empresas que têm na sua actividade a responsabilidade de conduzir vários projectos em simultâneo.
Visualização	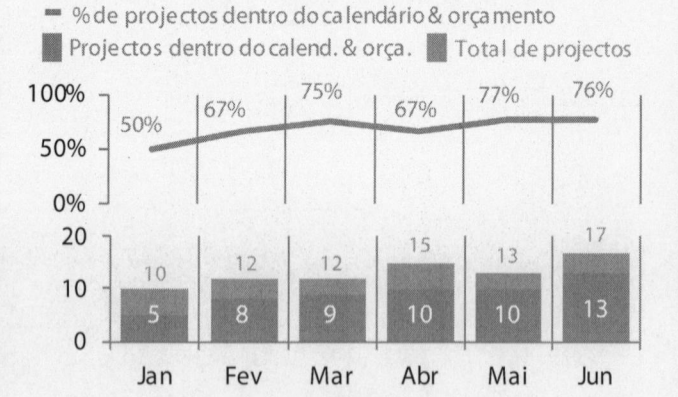

INDICADOR

047 Nº médio de alterações às definições dos projectos

Para que serve?

Este indicador pretende medir a qualidade do planeamento dos projectos. Quantas mais alterações tiverem os projectos maior será o indício de planeamento frágil. Na maior parte dos casos, as alterações surgem pela atribuição de timings demasiado apertados para as tarefas ou pela insuficiente orçamentação financeira das mesmas. Também podem surgir por antecipação aquando da detecção de ameaças futuras ao projecto.

Como se calcula?

Nº de alterações às definições dos projectos/Nº total de projectos

Unid.: Nº

Onde se vai buscar a informação?

Área de projectos

Quando se deve apurar?

Mensalmente

Qual a polaridade?

Negativa (Quanto menor o valor, melhor)

Notas adicionais

Para além de acompanhar o nº de alterações que os projectos vão sofrendo, importa também perceber qual o peso dos projectos da carteira que foram alvo de alterações.

Visualização

— % de projectos com alterações às definições
■ Nº de alterações às definições dos projectos

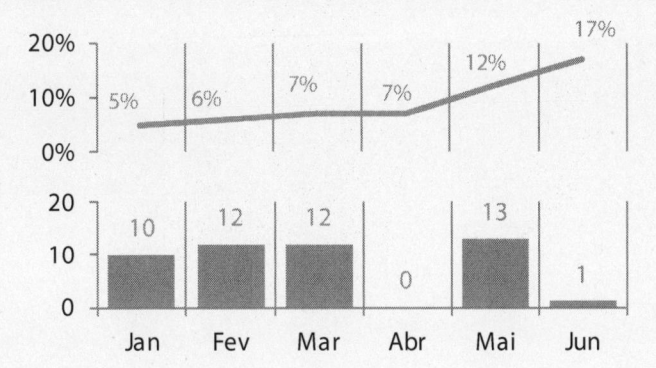

81

048 INDICADOR

048 Tempo médio para aprovação dos projectos

Para que serve?	Este indicador pretende identificar o tempo médio em dias que demora a apreciação e aprovação de um projecto pela gestão de topo da empresa. Muitas vezes, o projecto está dependente de calendários muito apertados, pelo que a atempada aprovação pode gerar uma folga preciosa para a execução do projecto.
Como se calcula?	$\sum$ dias para aprovação dos projectos/N° de projectos aprovados Unid.: Dias
Onde se vai buscar a informação?	Área de projectos
Quando se deve apurar?	Mensalmente
Qual a polaridade?	Negativa (Quanto menor o valor, melhor)
Notas adicionais	Quanto maior for o tempo médio para aprovação dos projectos, menor será a eficiência operacional da empresa. Tempos rápidos identificam empresas com processos de decisão bem implantados.
Visualização	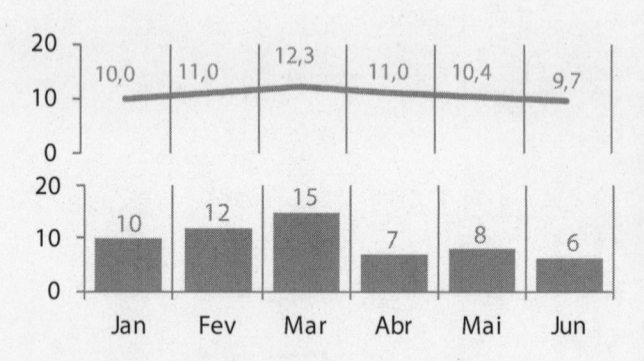

■ Média de dias para aprovação dos projectos
━ Média móvel

049 INDICADOR

049 % de projectos com risco elevado

Para que serve?

Este indicador apresenta o peso dos projectos que têm um risco acima do normal. O risco pode estar associado a vários factores. Por exemplo, a complexidade do projecto ou a importância do projecto. Pode também estar associado a eventuais desvios que tenham já ocorrido, por exemplo, atraso no calendário ou desvio no orçamento. Pode ainda estar associado a eventuais ameaças que venham a ocorrer no futuro.

Como se calcula?

Nº de projectos com risco elevado/Nº total de projectos na carteira

Unid.: %

Onde se vai buscar a informação?

Área de projectos

Quando se deve apurar?

Semanalmente/Mensalmente

Qual a polaridade?

Negativa (Quanto menor o valor, melhor)

Notas adicionais

O nível de risco terá de ser classificado pela empresa. Por exemplo, podemos considerar que um projecto está em risco quando tem um desvio no orçamento superior a 10% ou quando tem um atraso de 15 dias relativamente à data prevista.

Visualização

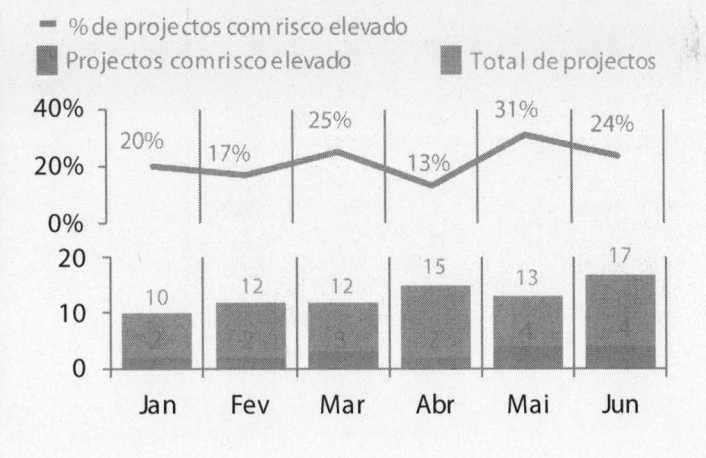

050 INDICADOR

050 Taxa de satisfação dos stakeholders com os resultados dos projectos

Para que serve?

Este indicador pretende identificar o grau de satisfação dos stakeholders dos projectos. Entenda-se stakeholders dos projectos todos os indivíduos ou entidades que estão directamente interessados nos resultados dos projectos, por exemplo, clientes, parceiros e a própria gestão de topo da empresa.

Como se calcula?

% de stakeholders satisfeitos ou muito satisfeitos com os resultados dos projectos

Unid.: %

Onde se vai buscar a informação?

Área de projectos

Quando se deve apurar?

Após o encerramento do projecto

Qual a polaridade?

Positiva (Quanto maior o valor, melhor)

Notas adicionais

Uma das melhores formas de apurar o resultado deste indicador é através de inquéritos de satisfação aos stakeholders dos projectos. Importa definir quais as variáveis que são efectivamente pertinentes de serem auscultadas, bem como definir a escala de resposta para as mesmas (exemplo, Como classifica os resultados do projecto? Excelentes, bons, satisfatórios, insatisfatórios e maus).

Visualização

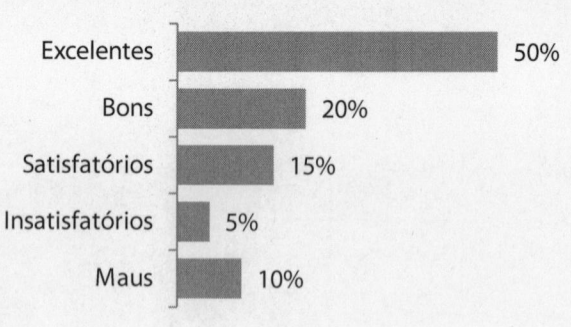

Excelentes	50%
Bons	20%
Satisfatórios	15%
Insatisfatórios	5%
Maus	10%

PRODUÇÃO

051 % da capacidade instalada usada
052 Produção
053 % do desperdício da matéria-prima
054 % de tempo de paragem da produção para reparações
055 % de tempo de paragem da produção por quebras de stock
056 Nº de quebras de produção devido a ocorrências inesperadas
057 Custo por unidade produzida
058 % produtos com inconformidades
059 Custo de manutenção por unidade produzida
060 % manutenção preventiva relativa à manutenção total

051 INDICADOR

051 % da capacidade instalada usada

Para que serve?

O conceito de capacidade instalada pode ser traduzido como o limite máximo de produção (plena capacidade de produção). É a quantidade de unidades de produto/serviço que as máquinas e equipamentos/recursos humanos instalados são capazes de produzir. É fundamental que a empresa conheça este valor de modo a não aceitar encomendas que não possa cumprir dentro dos prazos acordados.

Como se calcula?

Capacidade utilizada (produção realizada)/Capacidade instalada (limite máximo de produção)

Unid.: %

Onde se vai buscar a informação?

Direcção de produção

Quando se deve apurar?

Semanalmente/Mensalmente

Qual a polaridade?

Positiva (Quanto maior o valor, melhor)

Notas adicionais

A definição de objectivos cada vez mais ambiciosos relativos ao aumento da % da capacidade instalada usada é fundamental para aumentar a eficiência e a produtividade da produção. No entanto, o seu valor depende da programação da produção.

Visualização

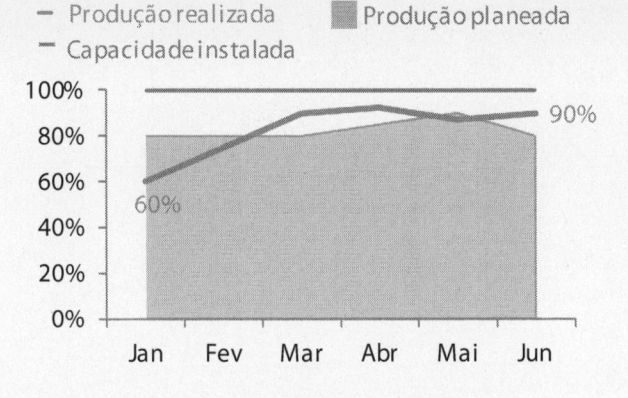

87

052 INDICADOR

052 Produção

Para que serve?
É claramente um dos principais indicadores para as empresas. Indica aquilo que se está a produzir num determinado período de tempo. A produção pode ser calculada não apenas no seu total, mas também por linha de produção e por produto.

Como se calcula?
∑ dos produtos/serviços produzidos

Unid.: Nº, m3, m2, etc.

Onde se vai buscar a informação?
Direcção de produção

Quando se deve apurar?
Diariamente/Semanalmente

Qual a polaridade?
Positiva (Quanto maior o valor, melhor)

Notas adicionais
O controlo da produção torna-se mais eficaz quando a empresa define previamente um plano de produção e vai monitorizando esse plano (produção planeada) com as realizações que vai efectuando.

Visualização

— Produção   ■ Produção planeada
— Produção média

650

431

053 INDICADOR

053 % do desperdício da matéria-prima

Para que serve?	Indica a percentagem de desperdício de matérias-primas num determinado período de tempo, por linha de produção ou por produto. Tem por objectivo final a identificação de medidas de melhorias que previnam a reincidência das perdas no processo produtivo da empresa.
Como se calcula?	Matéria-prima desperdiçada/Matéria-prima utilizada Unid.: %
Onde se vai buscar a informação?	Direcção de produção
Quando se deve apurar?	Semanalmente/Mensalmente
Qual a polaridade?	Negativa (Quanto menor o valor, melhor)
Notas adicionais	A redução dos desperdícios de matéria-prima permite aumentar a eficiência produtiva da empresa através da redução dos gastos provenientes de menores necessidades de matéria-prima para obter o mesmo nível de produção. Existem ainda ganhos decorrentes da diminuição das necessidades de espaços de armazenagem.
Visualização	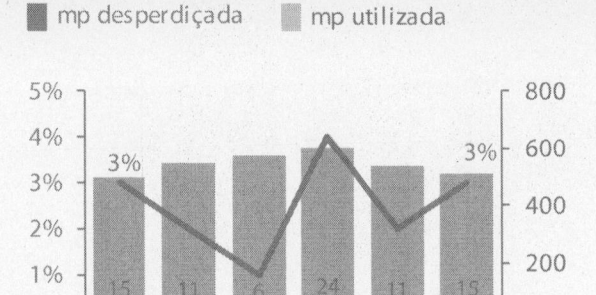

89

INDICADOR

054 % de tempo de paragem da produção para reparações

Para que serve?	Este indicador permite avaliar o peso na paragem da produção devido às reparações de máquinas e equipamentos. Valores elevados neste indicador podem indiciar problemas nos equipamentos produtivos, nomeadamente aspectos relacionados com a sua antiguidade. Podem também indiciar más práticas na utilização dos mesmos por parte dos funcionários da empresa
Como se calcula?	Tempo de paragem para reparações/Tempo total de paragem da produção Unid.: %
Onde se vai buscar a informação?	Direcção de produção
Quando se deve apurar?	Mensalmente
Qual a polaridade?	Negativa (Quanto menor o valor, melhor)
Notas adicionais	Importa relacionar este indicador com a % da capacidade instalada utilizada, uma vez que as reparações têm maior probabilidade de serem necessárias quando os equipamentos são utilizados com maior intensidade, nomeadamente nos picos de produção.
Visualização	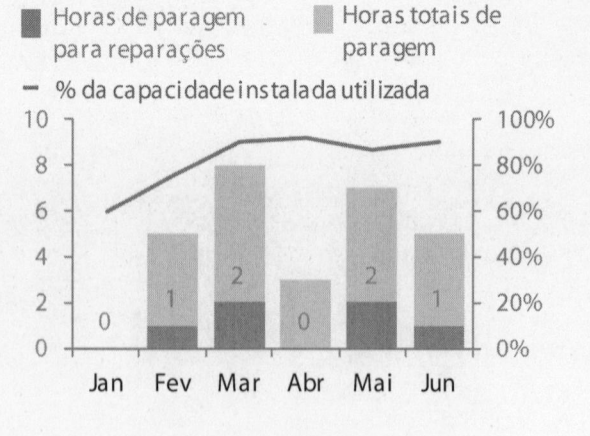

055 INDICADOR

055 % de tempo de paragem da produção por quebras de stock

Para que serve?	Este indicador permite avaliar o peso na paragem da produção devido às quebras de stock. Permite assim evidenciar as falhas por consequência de um mau planeamento das necessidades de matéria-prima ou por incapacidade de manter uma contabilização eficaz do inventário. As quebras de stock também podem ter origem em furtos, obsolescência, etc.
Como se calcula?	Tempo de paragem por quebra de stock/Tempo total de paragem da produção Unid.: %
Onde se vai buscar a informação?	Direcção de produção
Quando se deve apurar?	Mensalmente/Trimestralmente
Qual a polaridade?	Negativa (Quanto menor o valor, melhor)
Notas adicionais	Quando a empresa opta por ter um stock elevado, corre menor riscos de ter quebra de stocks, mas acaba por ter um custo maior com a sua gestão. Importa assim encontrar um ponto de equilíbrio que permita manter um stock de segurança com o menor custo possível e, ao mesmo tempo, minimizar o risco de quebras de stock.
Visualização	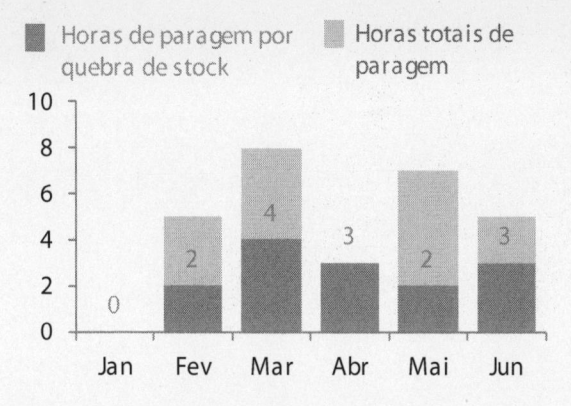

056 INDICADOR

056 Nº de quebras de produção devido a ocorrências inesperadas

Para que serve?
Identifica o nº de vezes que a produção parou devido a ocorrências inesperadas, tais como quebras de energia e avarias. Conhecer o tipo de causa e a frequência com que surgem estas situações é fundamental na fase de programação da produção, caso contrário a empresa arrisca-se a ser demasiado ambiciosa na produção que deseja obter.

Como se calcula?
∑ do nº de vezes que a produção parou por tipo de causa

Unid.: Nº

Onde se vai buscar a informação?
Direcção de produção

Quando se deve apurar?
Mensalmente/Trimestralmente

Qual a polaridade?
Negativa (Quanto menor o valor, melhor)

Notas adicionais
As causas inesperadas podem ser várias e dependem do tipo de produção. Basicamente, são situações que não podiam ser previstas na fase de planeamento da produção. A identificação das causas e da frequência com que interferem com a produção é fundamental para a empresa tentar implementar medidas que as possam eliminar ou reduzir.

Visualização

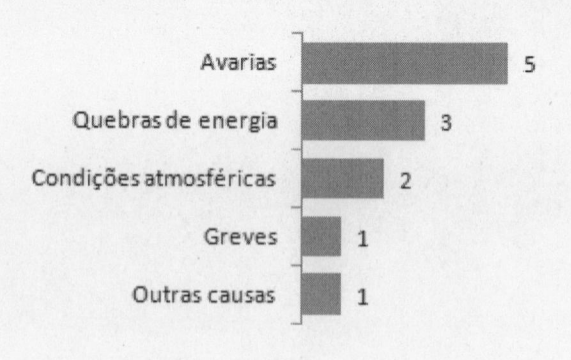

Causa	Nº
Avarias	5
Quebras de energia	3
Condições atmosféricas	2
Greves	1
Outras causas	1

057 INDICADOR

057 Custo por unidade produzida

Para que serve?
Este indicador identifica o custo médio de produção de uma unidade de produto. É essencialmente um indicador de medição de eficiência.

Como se calcula?
Custos de produção/Nº total de produtos produzidos

Unid.: Euros

Onde se vai buscar a informação?
Direcção de produção/Direcção financeira

Quando se deve apurar?
Semanalmente/Mensalmente

Qual a polaridade?
Negativa (Quanto menor o valor, melhor)

Notas adicionais
Este indicador pode ser calculado por tipo de produtos. Importa relacionar com as quantidades produzidas, uma vez que elas podem ter impacto na diluição dos custos fixos da produção.

Visualização

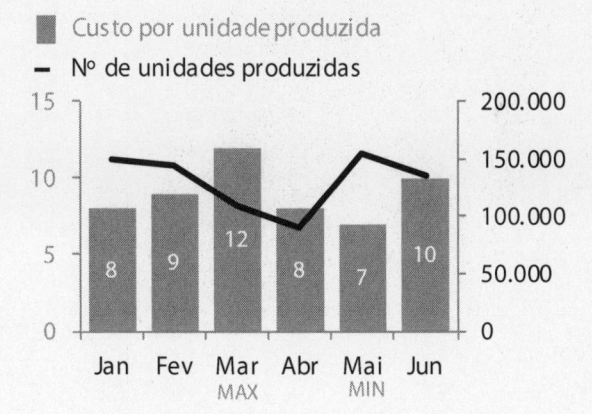

Custo por unidade produzida
— Nº de unidades produzidas

058 INDICADOR

058 % de produtos com inconformidades

Para que serve?	Este indicador identifica a percentagem de produtos com inconformidades (defeitos) detectados após o processo de produção. É um indicador que pretende avaliar a qualidade da produção final da empresa.
Como se calcula?	Nº de produtos com inconformidades/Nº total de produtos produzidos Unid.: %
Onde se vai buscar a informação?	Direcção de produção/qualidade
Quando se deve apurar?	Semanalmente/Mensalmente
Qual a polaridade?	Negativa (Quanto menor o valor, melhor)
Notas adicionais	Importa identificar o tipo de inconformidades que podem pôr em causa a qualidade do produto. Também poderão existir níveis diferentes no tipo de inconformidades, de modo a distinguir as mais críticas. A análise das inconformidades permitirá reavaliar o processo de produção, de modo a eliminar os aspectos que possam comprometer a qualidade dos produtos.
Visualização	

— % de produtos com inconformiaddes

■ Nº de produtos com inconformidades

059 INDICADOR

059 Custos de manutenção por unidade produzida

Para que serve?	É fundamental perceber a dimensão e a origem dos custos da produção, de forma a compreender a margem económica dos produtos. Os custos de manutenção podem ter um peso relevante, principalmente nas empresas industriais. Os custos de manutenção envolvem os custos da manutenção preventiva e correctiva.
Como se calcula?	Custos com manutenção/Nº total de unidades produzidas Unid.: Euros
Onde se vai buscar a informação?	Direcção de produção/Direcção Financeira
Quando se deve apurar?	Trimestralmente
Qual a polaridade?	Negativa (Quanto menor o valor, melhor)
Notas adicionais	A antiguidade dos equipamentos pode começar a gerar custos excessivos ao nível da manutenção. As manutenções preventivas efectuadas em excesso podem retirar margem à produção, pelo que é sempre importante encontrar um equilíbrio.
Visualização	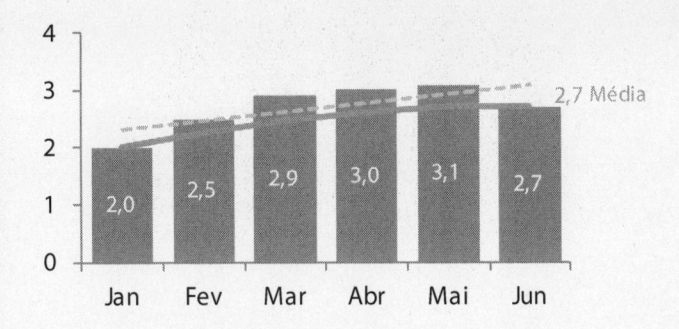

■ Custo de manutenção por unidade produzida
--- Tendência dos custos de manutenção

2,7 Média

Jan 2,0 · Fev 2,5 · Mar 2,9 · Abr 3,0 · Mai 3,1 · Jun 2,7

060 INDICADOR

060 % manutenção preventiva relativa à manutenção total

Para que serve?	Este indicador mede o peso dos custos da manutenção preventiva relativamente aos custos totais de manutenção. Procura perceber a importância da manutenção preventiva nas políticas globais de manutenção da empresa.
Como se calcula?	Custos da manutenção preventiva/Custos totais da manutenção preventiva e correctiva Unid.: %
Onde se vai buscar a informação?	Direcção de produção/Direcção Financeira
Quando se deve apurar?	Mensalmente/Trimestralmente
Qual a polaridade?	Positiva (Quanto maior o valor, melhor)
Notas adicionais	Quanto mais próximo o resultado do indicador estiver de 100%, melhor será para a empresa, uma vez que identifica uma situação de inexistência de manutenção correctiva, ou seja, a manutenção preventiva/planeada é eficaz e permite evitar as situações de surpresa das intervenções correctivas. De qualquer forma, importa salvaguardar que a manutenção preventiva não seja excessiva.
Visualização	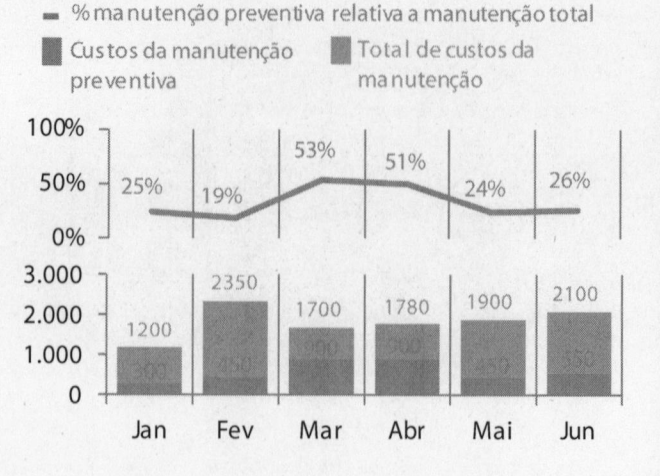

— % manutenção preventiva relativa a manutenção total

■ Custos da manutenção preventiva   ■ Total de custos da manutenção

MARKETING

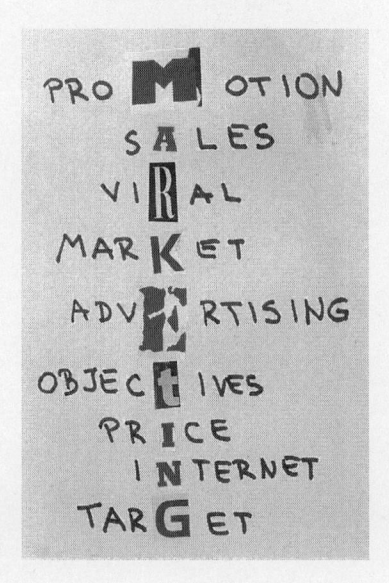

061 Quota de Mercado
062 Taxa de crescimento das vendas
063 Nº de novos clientes
064 Taxa de qualidade das "Leads"
065 Custo por Lead
066 Taxa de eficácia dos canais de vendas
067 % de clientes que repetiram a compra
068 % dos gastos em Marketing nas vendas
069 Press Coverage
070 Nível de satisfação dos clientes

061 INDICADOR

061 Quota de mercado

Para que serve?	A quota de mercado (Market Share) não é mais do que a "fatia" do mercado detida por uma empresa relativamente à sua facturação ou aos seus produtos/serviços. Este indicador permite assim estabelecer uma ordem de representatividade/importância por empresa ou por produto. A liderança de mercado acontece quando uma determinada empresa detém a maior quota de mercado.
Como se calcula?	Vendas da empresa/Vendas das empresas do sector Unid.: %
Onde se vai buscar a informação?	Direcção de Marketing/Associações empresariais e sectoriais
Quando se deve apurar?	Mensalmente/Trimestralmente
Qual a polaridade?	Positiva (Quanto maior o valor, melhor)
Notas adicionais	Quando se analisa a evolução da quota de mercado, é importante compará-la com o crescimento do sector. Pode acontecer que a quota de mercado esteja a aumentar, mas se o crescimento do sector cresceu mais que a quota, a empresa está a perder participação no mercado. Muitas vezes, é difícil de medir a quota de mercado, uma vez que não existem dados disponíveis sobre o sector.
Visualização	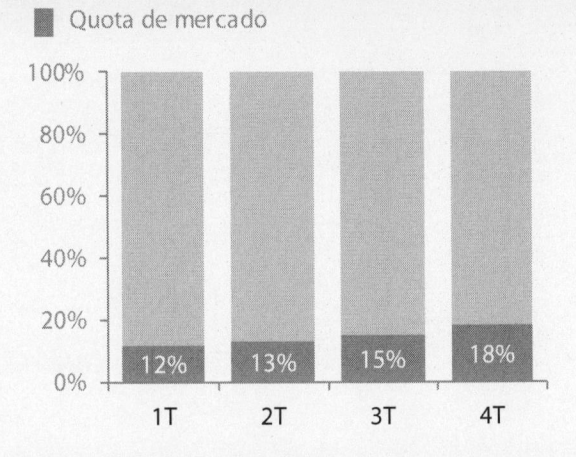

99

062 INDICADOR

062 Taxa de crescimento das vendas

Para que serve?

É claramente um dos principais indicadores da empresa. Identifica a dimensão da variação das vendas num determinado período, isto é, o crescimento ou decrescimento das vendas. É calculada na globalidade ou por produto/serviço. Pode ser considerado um indicador de impacto, uma vez que o seu resultado está muito dependente do esforço da empresa na promoção dos seus produtos/serviços.

Como se calcula?

(Vendas do período n + 1/Vendas do período n) – 1

Unid.: %

Onde se vai buscar a informação?

Direcção de Marketing

Quando se deve apurar?

Semanalmente/Mensalmente

Qual a polaridade?

Positiva (Quanto maior o valor, melhor)

Notas adicionais

Ao analisar este indicador, importa ter em atenção a sazonalidade do negócio, lançamento de novos produtos, ciclo de vida dos produtos, as campanhas de marketing efectuadas, etc. A riqueza da análise deste indicador surge quando a empresa consegue relacionar/compreender a variação das vendas, tendo em conta os factores que a influenciaram.

Visualização

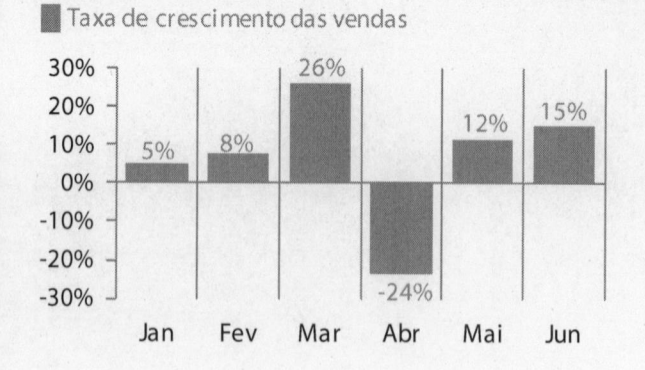

Taxa de crescimento das vendas

063 INDICADOR

063 Nº de novos clientes

Para que serve?

Identifica o nº de novos clientes que a empresa está a conseguir captar num determinado período de tempo. Pode ser analisado por produto/serviço. A conquista de novos clientes é fundamental para promover o crescimento do negócio. Este indicador permite perceber a eficácia das campanhas na angariação de novos clientes.

Como se calcula?

$\sum$ do nº de novos clientes

Unid.: Nº

Onde se vai buscar a informação?

Direcção de Marketing

Quando se deve apurar?

Semanalmente/Mensalmente

Qual a polaridade?

Positiva (Quanto maior o valor, melhor)

Notas adicionais

Um aspecto importante da análise deste indicador é perceber como foi obtido o novo cliente. Por exemplo, como resultado das campanhas da empresa, por indicação de clientes actuais, etc. Desta forma, a empresa poderá perceber quais os canais que conseguem conquistar mais clientes.

Visualização

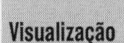
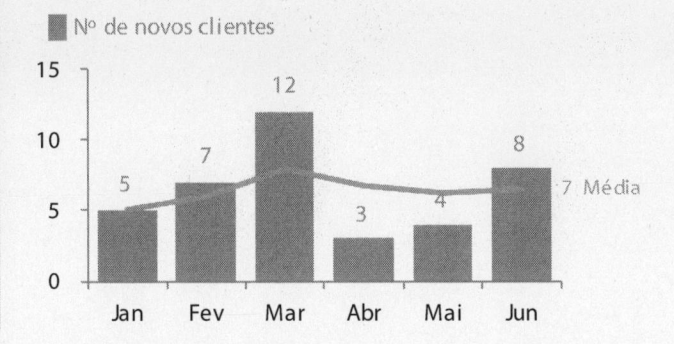

Nº de novos clientes

064 INDICADOR

064 Taxa de qualidade das Leads

Para que serve?

Lead não é mais do que a identificação de um contacto que tem interesse em adquirir um produto/serviço. A área comercial irá trabalhar os Leads de forma a convertê-los em clientes. As Leads podem ser geradas a partir de mailings, anúncios, feiras, call centers, bases de dados, websites, etc. As Leads fazem parte do "funil de vendas" da empresa, pelo que é fundamental analisar a sua qualidade.

Como se calcula?

Nº de leads que originaram novos clientes/Total de leads

Unid.: %

Onde se vai buscar a informação?

Direcção de Marketing

Quando se deve apurar?

Semanalmente/Mensalmente

Qual a polaridade?

Positiva (Quanto maior o valor, melhor)

Notas adicionais

A "Qualificação de uma Lead" é a identificação da Lead que está interessada no nosso produto/serviço, que pode tomar a decisão de compra e que tem a capacidade de pagar. Existe também o conceito de "Prospect", que não é mais do que uma Lead qualificada que está pronta para fazer uma compra e que irá ser trabalhada pela área comercial. Quanto melhor a qualidade das Leads, maior será a sua taxa de conversão em vendas para a empresa.

Visualização

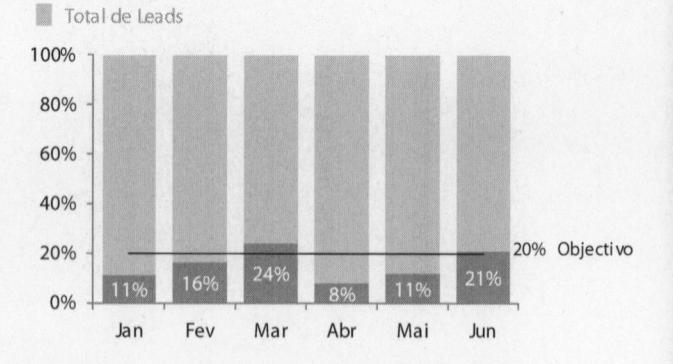

065 INDICADOR

065 Custo por Lead

Para que serve?	Permite perceber quanto é que custa em média cada Lead obtida. Se não se determinar o custo das Leads, a empresa não saberá se é viável economicamente a sua utilização. Poderá acontecer que o custo das Leads supera os rendimentos obtidos e com isso traz um prejuízo para a empresa.
Como se calcula?	Custo com a campanha (ex.: anúncio)/Nº de Leads Unid.: Euros
Onde se vai buscar a informação?	Direcção de Marketing e Direcção Financeira
Quando se deve apurar?	Mensalmente
Qual a polaridade?	Negativa (Quanto menor o valor, melhor)
Notas adicionais	É também relevante perceber o custo das Leads por origem, de forma a perceber onde é que elas são mais baratas. Obviamente que esta informação terá de ser cruzada com a qualidade das Leads por fonte.
Visualização	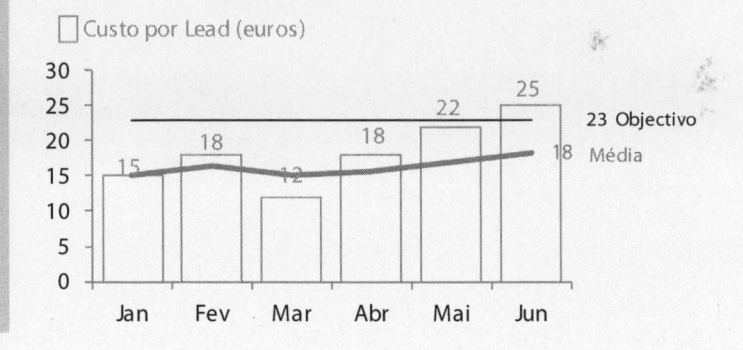

066 INDICADOR

066 Taxa de eficácia dos canais de vendas

Para que serve?	Dependendo do tipo de negócio, uma empresa pode ter vários canais de venda para os seus produtos, por exemplo: internet, telefone, venda directa, etc. É extremamente importante que se determine a sua eficácia, ou seja, a capacidade desses canais originarem vendas para a empresa.
Como se calcula?	Vendas por canal/Vendas globais Unid.: %
Onde se vai buscar a informação?	Direcção de Marketing
Quando se deve apurar?	Mensalmente
Qual a polaridade?	Positiva (Quanto maior o valor, melhor)
Notas adicionais	Através da análise deste indicador, a empresa saberá quais são os canais de venda em que deve continuar a investir e quais os que eventualmente deverão ser abandonados por não serem rentáveis. É também importante fazer a análise da sua evolução ao longo do ano, de forma a determinar as tendências.
Visualização	Internet 55% Telefone 25% Venda directa 15% Parceiros 5%

067 INDICADOR

067 % de clientes que repetiram a compra

Para que serve?	Sempre que um cliente repete uma compra, ou seja, volta a adquirir um produto/serviço, significa que obteve uma boa experiência com a primeira aquisição. Este indicador dá informação sobre a qualidade do produto/serviço oferecido pela empresa.
Como se calcula?	Nº de clientes que repetiram uma compra/Nº total de clientes Unid.: %
Onde se vai buscar a informação?	Direcção de Marketing
Quando se deve apurar?	Mensalmente
Qual a polaridade?	Positiva (Quanto maior o valor, melhor)
Notas adicionais	Importa analisar o indicador em termos acumulados, uma vez que a repetição da compra nem sempre acontece dentro do período de análise onde se fez a primeira compra.
Visualização	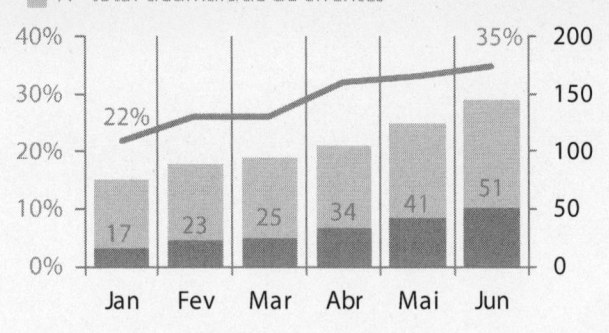

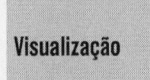

105

INDICADOR 068

068 % dos gastos em Marketing nas vendas

Para que serve?	Com este indicador pretende-se determinar a dimensão percentual que os gastos em marketing consomem no volume global de vendas.
Como se calcula?	Gastos em Marketing/Volume de vendas Unid.: %
Onde se vai buscar a informação?	Direcção de Marketing e Direcção Financeira
Quando se deve apurar?	Mensalmente/Trimestralmente
Qual a polaridade?	Negativa (Quanto menor o valor, melhor)
Notas adicionais	Importa analisar em termos acumulados ao longo dos períodos, de modo a incorporar algum desfasamento temporal que possa existir entre os gastos e as vendas. Deve-se ainda comparar o seu resultado com o sector onde a empresa se insere, bem com outras empresas de características similares.
Visualização	

■ Peso dos gastos em Marketing nas vendas
■ Volume de vendas

	Jan	Fev	Mar	Abr	Mai	Jun
Peso dos gastos em Marketing nas vendas	17%	22%	14%	18%	23%	19%

INDICADOR 690

069 Press Coverage

Para que serve?	Identifica o nível de cobertura dada pela imprensa à empresa e aos seus produtos. A cobertura pode ser feita através de notícias e reportagens nos jornais, revistas, tv, rádio, blogues, etc. Quanto maior for a cobertura dada à empresa, maior será a probabilidade da empresa promover o seu nome e os seus produtos.
Como se calcula?	∑ do Nº de notícias e reportagens Unid.: Nº
Onde se vai buscar a informação?	Direcção de Marketing
Quando se deve apurar?	Mensalmente
Qual a polaridade?	Positiva (Quanto maior o valor, melhor)
Notas adicionais	A análise do Press Coverage é também muito importante quando a empresa faz uma campanha para lançar um novo produto. É fundamental perceber o sucesso da campanha, nomeadamente através do nível de divulgação dada pelos media.
Visualização	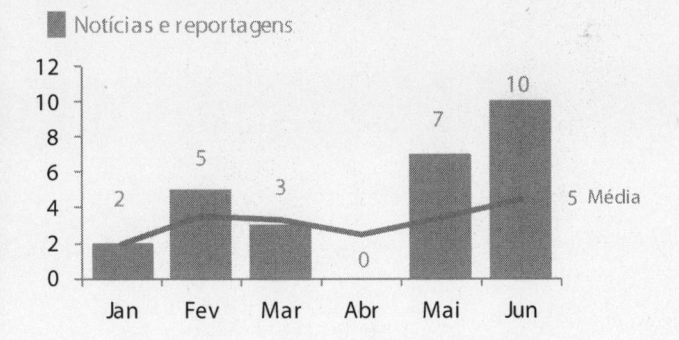

070 INDICADOR

070 Nível de satisfação dos clientes

Para que serve?	A medição do nível de satisfação dos clientes relativamente aos produtos e serviços de uma empresa sempre foi um dos indicadores mais desejados pelos gestores. É claramente um resultado que mede a qualidade do trabalho desenvolvido pela empresa.
Como se calcula?	Nº de clientes que estão muito satisfeitos/Nº total de clientes Unid.: %
Onde se vai buscar a informação?	Direcção de Marketing
Quando se deve apurar?	Mensalmente/Trimestralmente
Qual a polaridade?	Positiva (Quanto maior o valor, melhor)
Notas adicionais	Através da análise do grau de satisfação e insatisfação, é possível explicar o nível de adesão dos clientes aos produtos/serviços da empresa, identificando os factores que contribuem para o sucesso/insucesso deste indicador. Geralmente, este indicador é determinado através de inquéritos efectuados aos clientes que compraram um produto/serviço à empresa.
Visualização	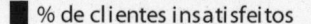 % de clientes muito satisfeitos ■ % de clientes insatisfeitos 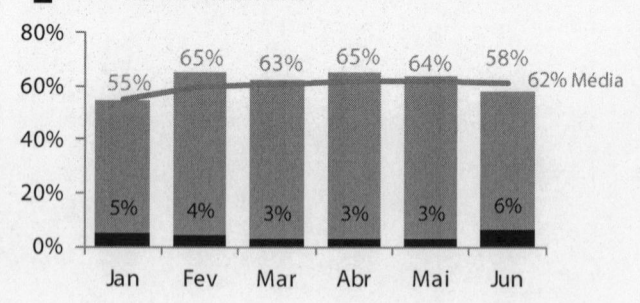

■ % de clientes muito satisfeitos
■ % de clientes insatisfeitos

MARKETING DIGITAL

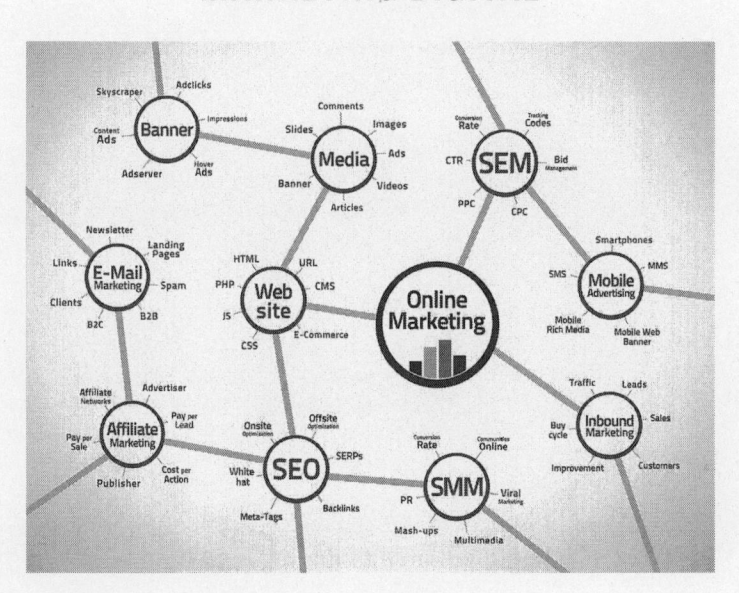

071 Taxa de abertura dos mailings
072 Taxa de cliques dos mailings
073 Nº de visitas
074 Nº de visitantes únicos
075 Tempo médio no site
076 % de novos visitantes
077 Bounce rate (Taxa de rejeições)
078 Nº de visitas para gerar uma compra
079 Páginas mais visitadas
080 % Tipo de tráfego

071 INDICADOR

071 Taxa de abertura dos mailings

Para que serve?

Identifica a % de mails enviados que foram abertos pelos destinatários de uma campanha de mailing. A taxa de abertura dá assim a % de destinatários da campanha que leram o mail. Basicamente, uma taxa de 20% de mails abertos significaria que, de cada 100 mails entregues, vinte foram visualizados. Esta taxa apresenta o primeiro nível de interesse gerado por uma determinada campanha de divulgação.

Como se calcula?

Nº de mails abertos/Nº de mails entregues

Unid.: %

Onde se vai buscar a informação?

Software de web analytics (ex.: Google analytics)

Quando se deve apurar?

Sempre que se fizer uma campanha de divulgação

Qual a polaridade?

Positiva (Quanto maior o valor, melhor)

Notas adicionais

Uma campanha de mailing tem as seguintes etapas: 1) Envio; 2) Erro no e-mail/O destinatário apaga o mail/Abrir o mail; 3) Abandonar o mail; 4) Clicar num hiperlink. O nº de mails estregues é calculado com o nº de mails enviados menos as remoções (destinatários que pediram para ser removidos da base de dados) e também menos os mails que não chegaram ao destinatário por existir um erro no e-mail.

Visualização

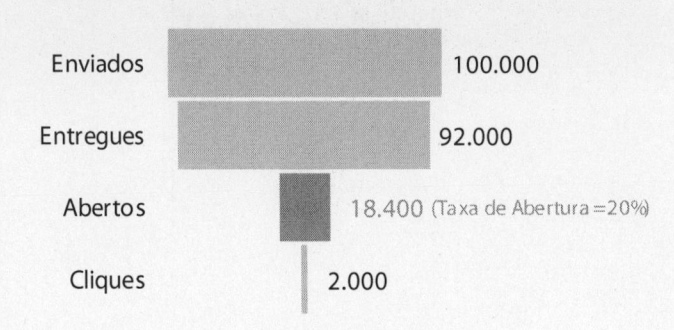

Enviados — 100.000
Entregues — 92.000
Abertos — 18.400 (Taxa de Abertura = 20%)
Cliques — 2.000

072 INDICADOR

072 Taxa de cliques dos mailings

Para que serve?
Identifica a % dos mails abertos que foram alvo de cliques por parte dos destinatários de uma campanha de mailing. Um clique acontece quando alguém clicou num hyperlink de uma página para ir até outra página. A taxa de cliques dá assim a % de destinatários que leram o mail e que resolveram clicar nos links para ir ver mais informação. Esta taxa apresenta o segundo nível de interesse gerado por uma determinada campanha de divulgação.

Como se calcula?
Nº de cliques/Nº de mails abertos

Unid.: %

Onde se vai buscar a informação?
Software de web analytics (ex.: Google analytics)

Quando se deve apurar?
Sempre que se fizer uma campanha de divulgação

Qual a polaridade?
Positiva (Quanto maior o valor, melhor)

Notas adicionais
Enquanto a taxa de abertura está dependente da qualidade da base de dados de e-mails, a taxa de cliques está dependente da qualidade do conteúdo do mail enviado. É fundamental ter uma base de dados com e-mails de qualidade e actualizados. É também extremamente importante dar atenção à forma de apresentação dos conteúdos do mail, de modo a suscitar o interesse no clique.

Visualização

Enviados	100.000
Entregues	92.000
Abertos	18.400
Cliques	2.000 (Taxa de Cliques = 10,9%)

073 INDICADOR

073 Nº de visitas

Para que serve?	As visitas representam o número de sessões individuais iniciadas por todos os visitantes no website. Se um utilizador estiver inactivo no website durante 30 minutos ou mais, qualquer actividade futura será atribuída a uma nova sessão. Os utilizadores que saem do website e voltam dentro de 30 minutos serão contabilizados como parte da sessão original.
Como se calcula?	$\sum$ das sessões individuais iniciadas por todos os visitantes Unid.: Nº
Onde se vai buscar a informação?	Software de web analytics (ex.: Google analytics)
Quando se deve apurar?	Diariamente, semanalmente, mensalmente
Qual a polaridade?	Positiva (Quanto maior o valor, melhor)
Notas adicionais	O nº de visitas não diz se o visitante interagiu com o site através de leitura ou clique. Significa apenas que foram acedidas um × nº de páginas. As visitas são diferentes de exibições de páginas. As exibições correspondem ao número total de páginas visualizadas durante a visita.
Visualização	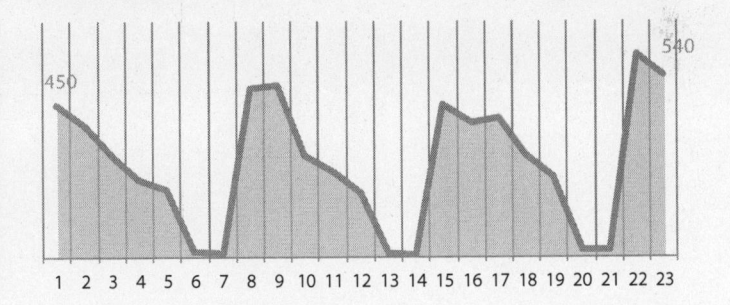

074 INDICADOR

074 Nº de visitantes únicos

Para que serve?

Os visitantes únicos representam o número de visitantes não duplicados (contados somente uma vez) no website durante um período específico. Pode-se determinar se um visitante é único através de cookies. O visitante único difere de visita, ou seja, o mesmo visitante pode fazer mais do que uma visita ao website. As sessões do mesmo visitante no mesmo dia serão agregadas a um único visitante, mas podem representar duas ou mais visitas separadas.

Como se calcula?

∑ dos visitantes únicos

Unid.: Nº

Onde se vai buscar a informação?

Software de web analytics (ex.: Google analytics)

Quando se deve apurar?

Diariamente, semanalmente, mensalmente

Qual a polaridade?

Positiva (Quanto maior o valor, melhor)

Notas adicionais

O nº de visitantes únicos é também um nº aproximado, já que a mesma pessoa pode aceder ao website de mais do que um computador ou um computador pode ser usado por mais do que uma pessoa. O número absoluto de visitantes únicos identifica o número de visitantes únicos, independentemente de em quantos dias diferentes visitaram o website e de quantas vezes o visitaram no mesmo dia.

Visualização

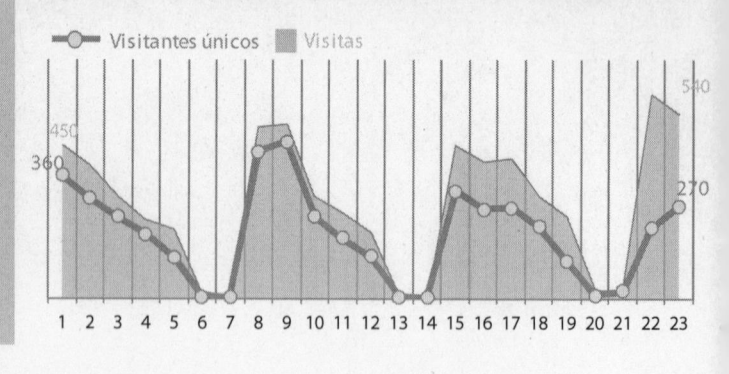

INDICADOR

075 Tempo médio no site

Para que serve?	Representa a duração média das visitas ao website para o período de tempo seleccionado. O tempo da visita é calculado ao adicionar tempo na página para cada página da sessão, excepto para a última página da sessão. Os cálculos do tempo no website não incluem a quantidade de tempo que os visitantes gastam na última página da sessão, porque não há dados para determinar quanto tempo o visitante gastou na última página. O tempo no site é uma forma de medir a qualidade das visitas.
Como se calcula?	Tempo total no website/Nº de visitas Unid.: Minutos
Onde se vai buscar a informação?	Software de web analytics (ex.: Google analytics)
Quando se deve apurar?	Diariamente, semanalmente, mensalmente
Qual a polaridade?	Positivo (Quanto maior o valor, melhor)
Notas adicionais	Muito tempo no site pode indiciar que os visitantes talvez estejam a interagir com a informação. Contudo, também pode ser enganador, pois os visitantes geralmente deixam as janelas do navegador abertas sem estar necessariamente a visualizar ou a usar o website.
Visualização	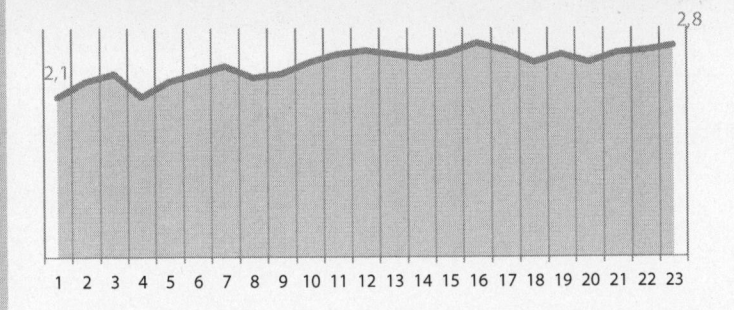

076

INDICADOR

076 % de novos visitantes

Para que serve?	Identifica a % de visitantes que acedeu pela primeira vez ao website. Isto é efectuado ao verificar se o cookie para o seu domínio existe no navegador. Se não existir, a visita é considerada uma nova visita. Os softwares de analytics registam um visitante como retorno quando existir o cookie para o seu domínio no navegador que acede ao website.
Como se calcula?	Nº de novos visitantes/Nº total de visitantes Unid.: %
Onde se vai buscar a informação?	Software de web analytics (ex.: Google analytics)
Quando se deve apurar?	Diariamente, semanalmente, mensalmente
Qual a polaridade?	Não aplicável
Notas adicionais	Um número alto de novos visitantes sugere que se está a conseguir tráfego para o website, e um número alto de visitantes que retornaram sugere que o conteúdo do website está chamativo o suficiente para os atrair de volta.
Visualização	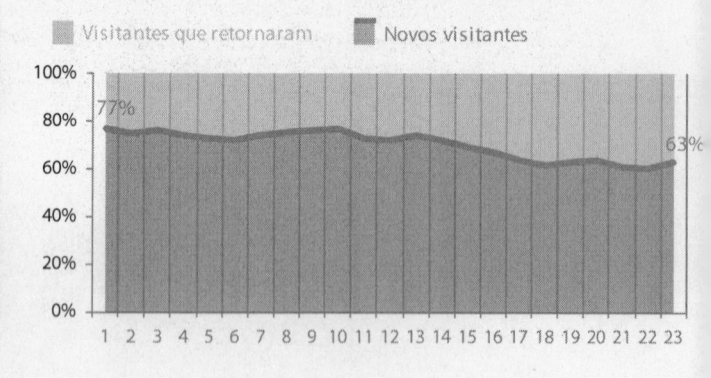

077 INDICADOR

077 Bounce rate (Taxa de rejeições)

Para que serve?

Identifica a % de visitantes que não esteve mais do que 10 segundos numa página. Também pode ser medido através da % de visitantes que chegaram ao website e não visitaram mais nenhuma outra página. Em geral, representa o peso dos visitantes que não consideram interessante o website. Pode também significar que o visitante veio parar ao website por engano. Nos blogues, esta taxa é geralmente muito elevada, uma vez que o visitante vem ler apenas os últimos posts.

Como se calcula?

Nº de visitantes que estiveram na página menos de 10 segundos/Nº total de visitantes que estiveram na página

Unid.: %

Onde se vai buscar a informação?

Software de web analytics (ex.: Google analytics)

Quando se deve apurar?

Diariamente, semanalmente, mensalmente

Qual a polaridade?

Negativa (Quanto menor o valor, melhor)

Notas adicionais

Este indicador é um excelente instrumento para analisar a qualidade da visita. Se a taxa de rejeição for alta, geralmente indica que as páginas de entrada do website não são relevantes para os visitantes. Apesar das taxas poderem variar em função do tipo de página, no geral considera-se boa uma taxa abaixo de 20%. Deve-se prestar atenção se a taxa for superior a 35% e pode ser preocupante se a taxa for superior a 50%.

Visualização

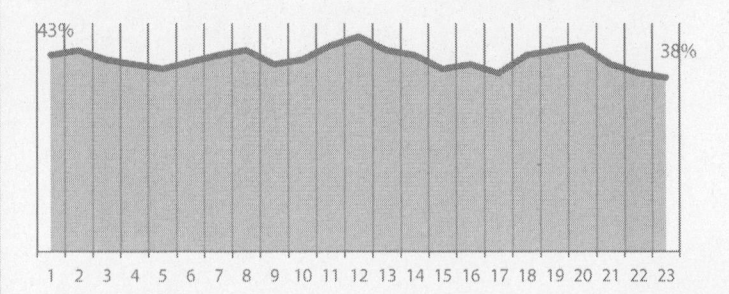

078 INDICADOR

078 Nº de visitas para gerar uma compra

Para que serve?	Identifica o número de visitantes que são necessários em média para originar uma compra. É um excelente indicador para dar uma ideia da quantidade de visitantes que o website tem de ter de forma a atingir a viabilidade do negócio. É considerado um indicador avançado, na medida que permite à gestão saber com algum grau de certeza as vendas que poderá ter face a diferentes cenários de visitantes.
Como se calcula?	Nº de compras/Nº de visitas Unid.: %
Onde se vai buscar a informação?	Software de web analytics (ex.: Google analytics)
Quando se deve apurar?	Semanalmente, mensalmente
Qual a polaridade?	Positiva (Quanto maior o valor, melhor)
Notas adicionais	É também importante medir: i) a média do período em análise; ii) a média móvel; iii) a tendência.
Visualização	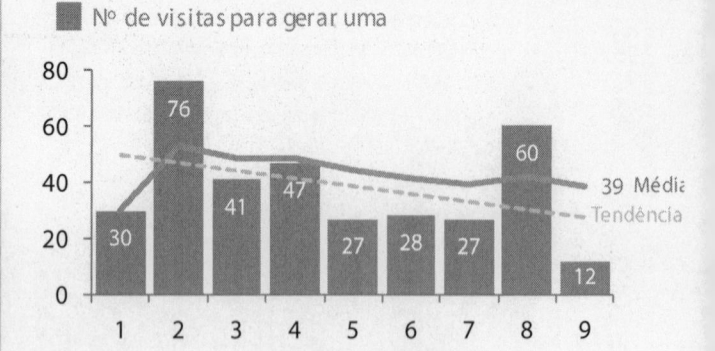

INDICADOR

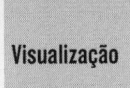

079 Páginas mais visitadas

Para que serve?	Apresenta o ranking das páginas do website que tiveram mais visitas. Este indicador é excelente para aferir as áreas ou conteúdos do website que são mais atraentes e/ou procurados pelos visitantes.
Como se calcula?	Nº de visitas por página Unid.: %
Onde se vai buscar a informação?	Software de web analytics (ex.: Google analytics)
Quando se deve apurar?	Diariamente, semanalmente, mensalmente
Qual a polaridade?	Não aplicável
Notas adicionais	Este indicador permite que a gestão possa reflectir sobre os factores críticos das páginas, quer das que atraem mais visitas, quer das que possivelmente não estão a cumprir a sua função. É possível assim reorganizar o website de modo a facilitar o seu acesso aos seus destinatários.
Visualização	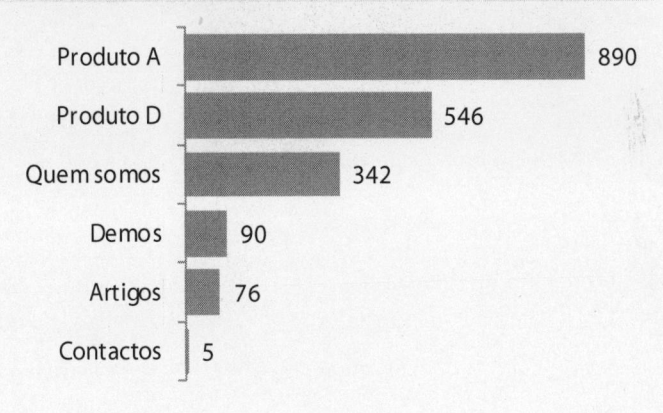

080 INDICADOR

080 % Tipo de tráfego

Para que serve?

Apresenta a estrutura das principais fontes de visitantes ao website. É dividido em 3 grupos: 1)Tráfego de pesquisa; 2) Tráfego de referência e 3)Tráfego directo. O primeiro representa os visitantes que chegaram através de pesquisas realizadas (ex.: Google, Yahoo, Bing). O segundo são os que vieram através de links de outros websites. O terceiro representa os visitantes que digitalizaram o endereço de URL do navegador ou utilizaram os favoritos para chegar ao website.

Como se calcula?

Tipo de tráfego/Total de visitas

Unid.: %

Onde se vai buscar a informação?

Software de web analytics (ex.: Google analytics)

Quando se deve apurar?

Diariamente, semanalmente, mensalmente

Qual a polaridade?

Não aplicável

Notas adicionais

A análise deste indicador está dependente do tipo de objectivos que a empresa tiver para o website. As campanhas de Mailing incrementam o tráfego de referência. A empresa pode pagar para que o seu website apareça nas pesquisas.

Visualização

ARMAZÉM

081 Custo por unidade armazenada
082 % da capacidade de armazém utilizada
083 % nas vendas dos gastos com armazém
084 Tempo médio de permanência das existências em armazém
085 Tempo médio entre o pedido de expedição e a execução da expedição
086 % de encomendas entregues em tempo
087 % de inconformidades detectadas na aceitação das mercadorias/produtos
088 % de inconformidades detectadas na expedição das mercadorias/produtos
089 % de devoluções de mercadorias não aceites no destino pelos clientes
090 Nº de artigos obsoletos

081 INDICADOR

081 Custo por unidade armazenada

Para que serve?

O inventário e os gastos associados ao seu armazenamento podem representar uma parte muito significativa do investimento de certas empresas. O tempo de permanência em armazém, a dimensão das mercadorias, o seu peso e outras características que obrigam a condições especiais de armazenagem e movimentação são geralmente os factores que contribuem para a determinação do custo em armazém.

Como se calcula?

Gastos com o armazém/Nº de produtos em armazém

Unid.: Euros

Onde se vai buscar a informação?

Armazém

Quando se deve apurar?

Mensalmente

Qual a polaridade?

Negativa (Quanto menor o valor, melhor)

Notas adicionais

Este indicador pode ainda ser determinado por tipo de mercadoria, por armazém e por cliente. A sua análise deve permitir identificar eventuais custos excessivos e proceder à racionalização do armazenamento de acordo com as necessidades permanentes e evitando acumulação de excesso de stock.

Visualização

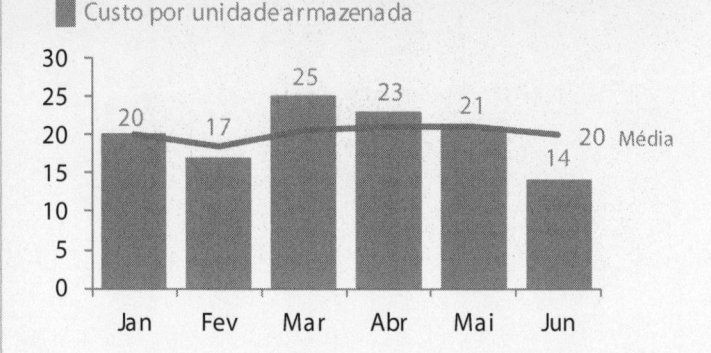

Custo por unidade armazenada

082 INDICADOR

082 % da capacidade de armazém utilizada

Para que serve?

Conhecer o grau de rentabilização do espaço do armazém é fundamental para perceber se existe eficiência na sua utilização. Conhecendo o valor, a empresa está em condições de decidir sobre se o espaço que utiliza é excessivo ou insuficiente para a actividade que desenvolve.

Como se calcula?

Área utilizada (m3)/Área total do armazém (m3)

Unid.: %

Onde se vai buscar a informação?

Armazém

Quando se deve apurar?

Mensalmente

Qual a polaridade?

Positivo (Quanto maior o valor, melhor)

Notas adicionais

Quando não existe um *layout* funcional na disponibilização das existências em armazém, originam-se sempre situações de desperdício de espaço. Para além de conhecer a capacidade de armazém utilizada actualmente, é também importante saber qual foi a sua média desde o início do ano.

Visualização

Legenda: ■ Área utilizada (m3) ■ Área disponível (m3)

Dados do gráfico: Jan 90%, Fev 80%, Mar 75%, Abr 70%, Mai 64%, Jun 94%

083 INDICADOR

083 Peso nas vendas dos gastos com armazém

Para que serve?	Este indicador pretende identificar o peso dos gastos com o armazenamento das mercadorias ou matérias-primas nas vendas da empresa. É um indicador que incentiva a racionalização dos gastos.
Como se calcula?	Gastos com armazém/Volume de vendas Unid.: %
Onde se vai buscar a informação?	Armazém
Quando se deve apurar?	Trimestralmente
Qual a polaridade?	Negativa (Quanto menor o valor, melhor)
Notas adicionais	Importa calcular este indicador em termos acumulados, de forma a dispersar uma eventual sazonalidade das vendas. Existindo uma componente de gastos fixos, o valor deste indicador irá aumentar nos momentos em que as vendas sejam reduzidas.
Visualização	

— Peso nas vendas dos gastos com armazém

084 INDICADOR

084 Tempo médio de permanência das existências em armazém

Para que serve?	Este indicador mede o tempo médio que as existências ficam no armazém. É de extrema utilidade para analisar quais as existências que ficam mais tempo no armazém e as que ficam menos.
Como se calcula?	(Existências Médias de Matérias-primas/Custo das Matérias Consumidas) × 365 Unid.: Dias
Onde se vai buscar a informação?	Armazém
Quando se deve apurar?	Mensalmente
Qual a polaridade?	Negativa (Quanto menor o valor, melhor)
Notas adicionais	Pode ainda ser calculado para produtos acabados e mercadorias. É um indicador importante para efeitos de análise do ciclo de exploração.
Visualização	

Tempo médio de permanência (dias)

Jan 45 | Fev 56 | Mar 54 | Abr 53 | Mai 49 | Jun 46 | 51 Média

085 INDICADOR

085 Tempo médio entre o pedido de expedição e a execução da expedição

Para que serve?

Apresenta o tempo médio desde que é realizado o pedido até ao momento em que se realiza a saída do produto em armazém. Permite avaliar os tempos de execução das operações intermédias e melhorá-las.

Como se calcula?

∑ (Data do pedido de encomenda – Data da expedição da encomenda)/Nº de expedições

Unid.: Dias ou (horas)

Onde se vai buscar a informação?

Armazém

Quando se deve apurar?

Mensalmente

Qual a polaridade?

Negativa (Quanto menor o valor, melhor)

Notas adicionais

Quanto menor for o tempo médio de expedição, maior será a eficiência interna e melhor será vista a empresa pelos seus clientes. Em alguns sectores de actividade, pode ser considerado um factor crítico de competitividade, uma vez que existem clientes que consideram fundamental poderem ter acesso rapidamente aos produtos que adquirem.

Visualização

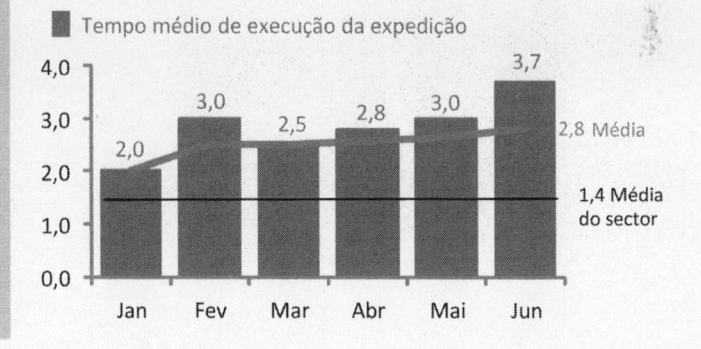

127

086 INDICADOR

086 % de encomendas entregues em tempo

Para que serve?

Nos dias de hoje, os clientes são cada vez mais exigentes com o cumprimento dos prazos de entrega estabelecidos. A obtenção de valores elevados neste indicador demonstra que os processos internos estão a funcionar de forma eficiente e é claramente um sinal da qualidade de serviço prestada pela empresa.

Como se calcula?

Nº de encomendas entregues em tempo/Nº total de encomendas

Unid.: %

Onde se vai buscar a informação?

Armazém

Quando se deve apurar?

Mensalmente

Qual a polaridade?

Positivo (Quanto maior o valor, melhor)

Notas adicionais

Em períodos de tempo em que existem muitas encomendas, existirá uma probabilidade maior de as encomendas não serem entregues dentro dos prazos estabelecidos. Caberá à empresa gerir as expectativas dos seus clientes, de modo a não prejudicar a sua imagem e eventualmente afectar futuras encomendas.

Visualização

— % de encomendas entregues em tempo

■ Entregues em tempo   ■ Total de encomendas

	Jan	Fev	Mar	Abr	Mai	Jun
Entregues em tempo	428	470	493	672	612	536

95% ... 80%

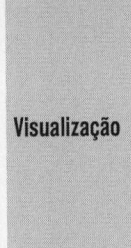

087 INDICADOR

087 % de inconformidades detectadas na aceitação das mercadorias/produtos

Para que serve?	Identifica o peso das mercadorias aceites pelo armazém que não estavam de acordo com o pedido de encomenda. No acto de recepção de mercadorias, verifica-se a conformidade do documento de guia de remessa ou de transporte que acompanha a mercadoria/produtos, de forma a detectar as inconformidades. Este indicador avalia a qualidade da actividade na recepção de mercadorias.
Como se calcula?	Nº de encomendas com inconformidades/Nº de encomendas recepcionadas Unid.: %
Onde se vai buscar a informação?	Armazém
Quando se deve apurar?	Mensalmente
Qual a polaridade?	Negativa (Quanto menor o valor, melhor)
Notas adicionais	As inconformidades na recepção podem ser de vários tipos. Por exemplo, mercadorias não solicitadas, quantidades de mercadoria diferentes das encomendadas, mercadorias com defeitos, etc.
Visualização	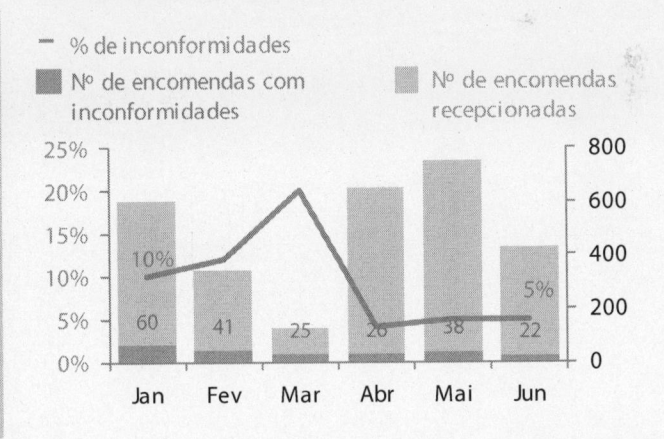

088 INDICADOR

088 % de inconformidades detectadas na expedição das mercadorias/produtos

Para que serve?	Identifica o peso das inconformidades detectadas na fase de distribuição. Permite avaliar a qualidade do processo de distribuição e a ocorrência de inconformidades, de forma a alertar para possíveis melhorias. É um indicador que mede a qualidade do serviço de expedição de mercadorias.
Como se calcula?	Nº de encomendas com inconformidades/Nº de encomendas expedidas Unid.: %
Onde se vai buscar a informação?	Armazém
Quando se deve apurar?	Mensalmente
Qual a polaridade?	Negativa (Quanto menor o valor, melhor)
Notas adicionais	As inconformidades no envio podem ser de vários tipos. Por exemplo, mercadorias não solicitadas, quantidades de mercadoria diferentes das encomendadas, mercadorias com defeitos, etc.
Visualização	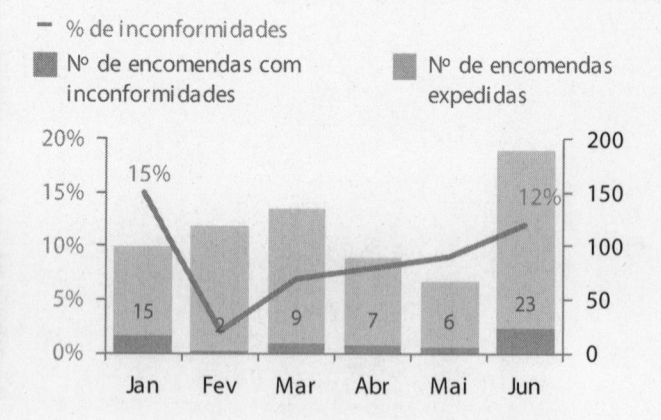

680 INDICADOR

089 % de devoluções de mercadorias não aceites no destino pelos clientes

Para que serve?	Indica a taxa de mercadorias devolvidas pelo cliente. Permite assim avaliar o nível de insatisfação do cliente e a incapacidade de detectar antecipadamente inconformidades nas mercadorias a expedir (% de inconformidades detectadas na expedição das mercadorias/produtos). É um indicador de qualidade de serviço.
Como se calcula?	Nº de encomendas devolvidas/Nº de encomendas expedidas Unid.: %
Onde se vai buscar a informação?	Armazém
Quando se deve apurar?	Mensalmente
Qual a polaridade?	Negativa (Quanto menor o valor, melhor)
Notas adicionais	Em períodos de tempo em que existem muitas encomendas, existirá uma probabilidade maior das encomendas serem devolvidas pelos clientes devido a inconformidades nos produtos ou da encomenda. Caberá à empresa reforçar a verificação das encomendas e dos produtos.
Visualização	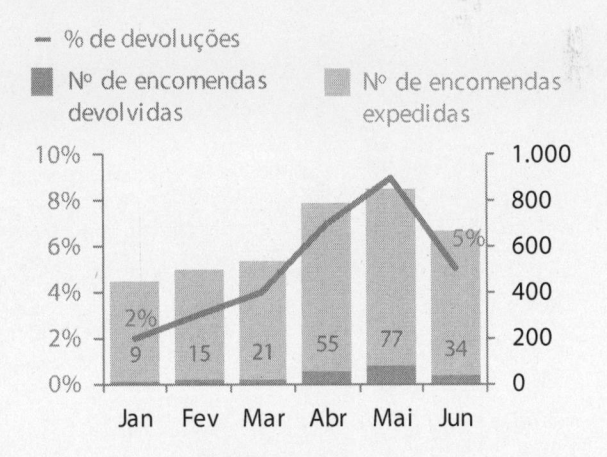

090 INDICADOR

090 Nº de artigos obsoletos

Para que serve?	Os artigos obsoletos são aqueles que já não cumprem as condições essenciais para continuar a ser comercializados pela empresa. Por exemplo: um artigo que caiu em desuso. Poderão ainda ter algum valor, mas não serão vendidos nas mesmas condições do inventário normal.
Como se calcula?	Σ do nº de artigos obsoletos Unid.: Nº
Onde se vai buscar a informação?	Armazém
Quando se deve apurar?	Mensalmente
Qual a polaridade?	Negativa (Quanto menor o valor, melhor)
Notas adicionais	O aumento do nº de artigos obsoletos é um dos sintomas de má gestão do inventário. Para diminuir o prejuízo dos artigos obsoletos, devem ser efectuadas promoções para escoar esses inventários. No sector das tecnologias, o risco dos produtos ficarem obsoletos é muito elevado, já que o período de tempo de uso é geralmente curto (exemplo: computador).
Visualização	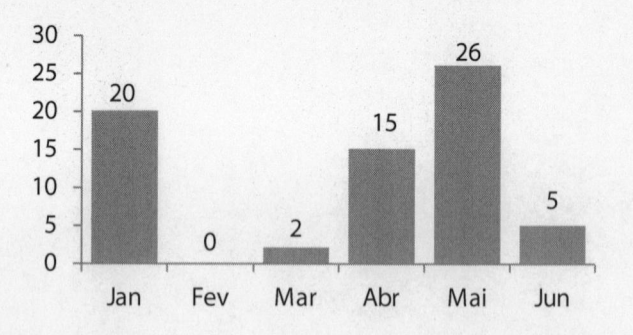

AMBIENTE

091 Consumo específico de energia
092 Consumo específico de água
093 Quantidade específica de resíduos sólidos
094 Carga específica de efluente gasoso
095 % de reciclagem da água
096 Taxa de papel reciclado
097 Quantidade de resíduos valorizados
098 Taxa de resíduos perigosos
099 % de fornecedores avaliados ambientalmente
100 Custos ambientais

91 INDICADOR

091 Consumo específico de energia

Para que serve?	Este indicador apresenta o consumo de energia que é necessário para a empresa poder produzir uma tonelada de produto. O consumo de energia (tep) representa o total de energia consumida na empresa proveniente das diversas fontes. O somatório de todas as fontes de energia utilizadas na produção é convertido em toneladas equivalente de petróleo (tep).
Como se calcula?	Consumo de energia (tep)/Volume de produção (ton) Unid.: tep
Onde se vai buscar a informação?	Direcção de produção
Quando se deve apurar?	Mensalmente
Qual a polaridade?	Negativa (Quanto menor o valor, melhor)
Notas adicionais	Para a energia eléctrica, tendo por base o Despacho 17313 de 26 de Junho de 2008, considerou-se que 1kWh = 215 × 10-6 tep. Gás natural = 1,077; Gás petróleo liquefeito = 1.130; Fuelóleo = 0,965; Gasóleo = 1,034 e Gasolina = 1,075 (tep/ton).
Visualização	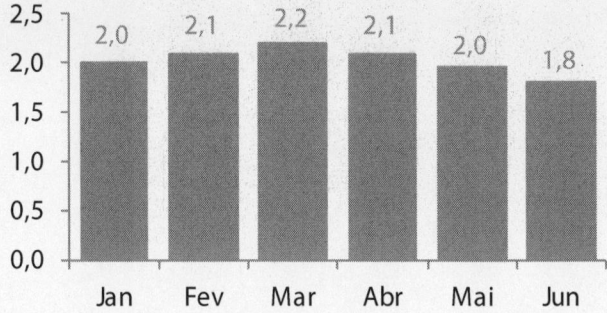

Consumo específico de energia (tep)

Jan	Fev	Mar	Abr	Mai	Jun
2,0	2,1	2,2	2,1	2,0	1,8

092 INDICADOR

092 Consumo específico de água

Para que serve?	Este indicador apresenta o consumo de água por tonelada produzida de produto. Também pode ser apresentado de forma a indicar os m3/litros de água necessários para a produção de uma peça. É acima de tudo um indicador para medir a eficiência da produção.
Como se calcula?	Consumo de água (m^3)/Volume de produção (ton) Unid.: m^3
Onde se vai buscar a informação?	Direcção de produção
Quando se deve apurar?	Mensalmente
Qual a polaridade?	Negativa (Quanto menor o valor, melhor)
Notas adicionais	Com as preocupações ambientais, e sabendo que a disponibilidade de água potável para consumo é um dos principais desafios deste século, a gestão sustentável deste recurso assume uma prioridade nas empresas. Hoje em dia, a imagem da empresa pode ser afectada negativamente caso esta não tenha uma gestão eficiente dos recursos, nomeadamente da água.
Visualização	

■ Consumo específico de água (m3)

	Jan	Fev	Mar	Abr	Mai	Jun
	3,5	3,7	3,9	4,1	3,8	3,9

093 INDICADOR

093 Quantidade específica de resíduos sólidos

Para que serve?

Este indicador apresenta o total em kg de resíduos sólidos gerados no processo produtivo da empresa. Podem ser considerados como resíduos: plástico, metal, madeira, produtos químicos, óleos usados, lamas, etc. Resíduos são substâncias, produtos ou objectos que ficaram incapazes de utilização para os fins para que foram produzidos, ou são restos de um processo de produção, transformação ou utilização e, em ambos os casos, pressupõem que o detentor se tenha de desfazer deles.

Como se calcula?

Quantidade de resíduos sólidos (kg)/Volume de produção (ton)

Unid.: kg

Onde se vai buscar a informação?

Direcção de produção

Quando se deve apurar?

Mensalmente

Qual a polaridade?

Negativa (Quanto menor o valor, melhor)

Notas adicionais

É fundamental que a empresa consiga minimizar os resíduos sólidos derivados do processo produtivo. Os resíduos podem originar a poluição do solo, da água e do ar. Assim, é importante que a empresa equacione a reciclagem industrial dos resíduos gerados pelo seu processo produtivo.

Visualização

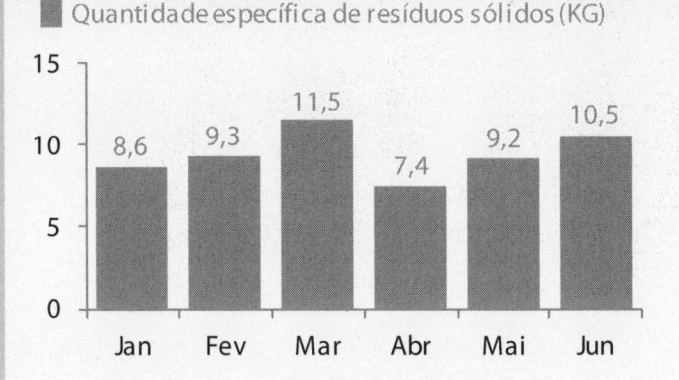

Quantidade específica de resíduos sólidos (KG)

094 INDICADOR

094 Carga específica de efluente gasoso

Para que serve?	Este indicador apresenta a quantidade de poluente × (por exemplo: CO; NOx; CO2; Partículos; COV; etc. emitida para a atmosfera por tonelada de produção. As emissões na atmosfera têm uma especial importância devido a diversos impactos ambientais e na saúde humana.
Como se calcula?	Quantidade de poluente × (Kg)/Volume de produção Unid.: Kg
Onde se vai buscar a informação?	Direcção de produção
Quando se deve apurar?	Mensalmente
Qual a polaridade?	Negativa (Quanto menor o valor, melhor)
Notas adicionais	Devido à variedade de emissão na atmosfera, os indicadores devem limitar-se às substâncias mais relevantes. Os principais poluentes são em geral: óxidos de azoto, monóxido de carbono, partículas finas e compostos orgânicos voláteis.
Visualização	■ Carga específica de efluente gasoso (kg) Jan 5,0 / Fev 5,8 / Mar 6,3 / Abr 6,8 / Mai 6,3 / Jun 6,6

095 INDICADOR

095 % de reciclagem da água

Para que serve?	Este indicador apresenta a relação entre a água recuperada e a água consumida no processo produtivo. Em principio, quanto maior a taxa de reciclagem da água maior é a eficiência produtiva da empresa e menor será o impacto em termos ambientais.
Como se calcula?	Água recuperada (m3)/Consumo de água (m3) Unid.: %
Onde se vai buscar a informação?	Direcção de produção
Quando se deve apurar?	Mensalmente
Qual a polaridade?	Positivo (Quanto maior o valor, melhor)
Notas adicionais	Importa calcular o valor deste indicador nos processos produtivos que utilizem água e compará-los entre si, por exemplo, entre as diferentes linhas de produção. É também importante comparar os valores da empresa com os existentes no sector.
Visualização	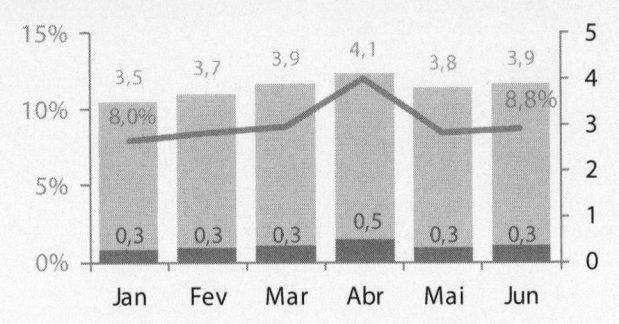

096 | INDICADOR

096 Taxa de papel reciclado

Para que serve?

Este indicador expressa-se em kg ou ton e apresenta a relação entre o papel enviado para reciclagem e o papel adquirido pela empresa. Também se costuma utilizar este indicador com uma variante, de modo a perceber o peso do papel reciclado adquirido pela empresa.

Como se calcula?

Papel enviado para reciclagem (Kg)/Papel comprado (Kg)

Unid.: %

Onde se vai buscar a informação?

Direcção de produção

Quando se deve apurar?

Mensalmente

Qual a polaridade?

Positivo (Quanto maior o valor, melhor)

Notas adicionais

Pode acontecer que este indicador apresente um valor superior a 100%. Nestes casos, a quantidade de papel reciclado foi superior ao adquirido, uma vez que a reciclagem incorporou papel não adquirido pela empresa, mas que teve origem em outras fontes da empresa, por exemplo, papel com origem nos documentos vindos do exterior. Importa acompanhar os indicadores em termos acumulados.

Visualização

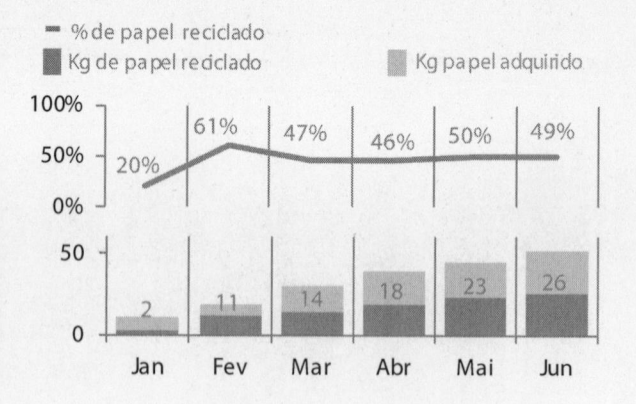

097

INDICADOR

097 Quantidade de resíduos valorizados

Para que serve?	Este indicador apresenta a quantidade de resíduos sólidos cujo destino é a valorização através da reutilização, reciclagem ou incineração em instalações de incineração de resíduos com valorização energética.
Como se calcula?	∑ da quantidade de resíduos valorizados Unid.: Ton
Onde se vai buscar a informação?	Direcção de produção
Quando se deve apurar?	Mensalmente
Qual a polaridade?	Positivo (Quanto maior o valor, melhor)
Notas adicionais	Por oposição a este indicador, existe a quantidade de resíduos eliminados cujo destino é a deposição em aterro ou tratamento para posterior eliminação. Para se perceber a dimensão da valorização, é comum utilizar-se o indicador "taxa de valorização" que permite perceber o peso dos resíduos sólidos valorizados relativamente ao total de resíduos produzidos.
Visualização	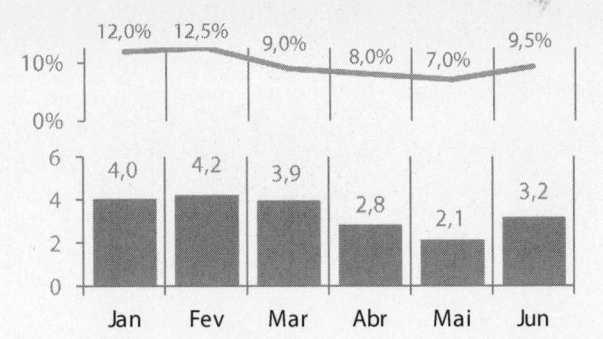

098 Taxa de resíduos perigosos

INDICADOR 860

Para que serve?	Este indicador apresenta o peso dos resíduos perigosos relativamente ao total de resíduos gerados na empresa. Os resíduos perigosos podem ser classificados em função do seu carácter tóxico, corrosivo, explosivo, radioactivo, etc.
Como se calcula?	Quantidade de resíduos perigosos (ton)/Quantidade de resíduos sólidos Unid.: %
Onde se vai buscar a informação?	Direcção de produção
Quando se deve apurar?	Mensalmente
Qual a polaridade?	Negativa (Quanto menor o valor, melhor)
Notas adicionais	Uma das formas de minimizar o valor deste indicador passa pela conhecida sigla dos 3R's: Reduzir, reutilizar e reciclar.
Visualização	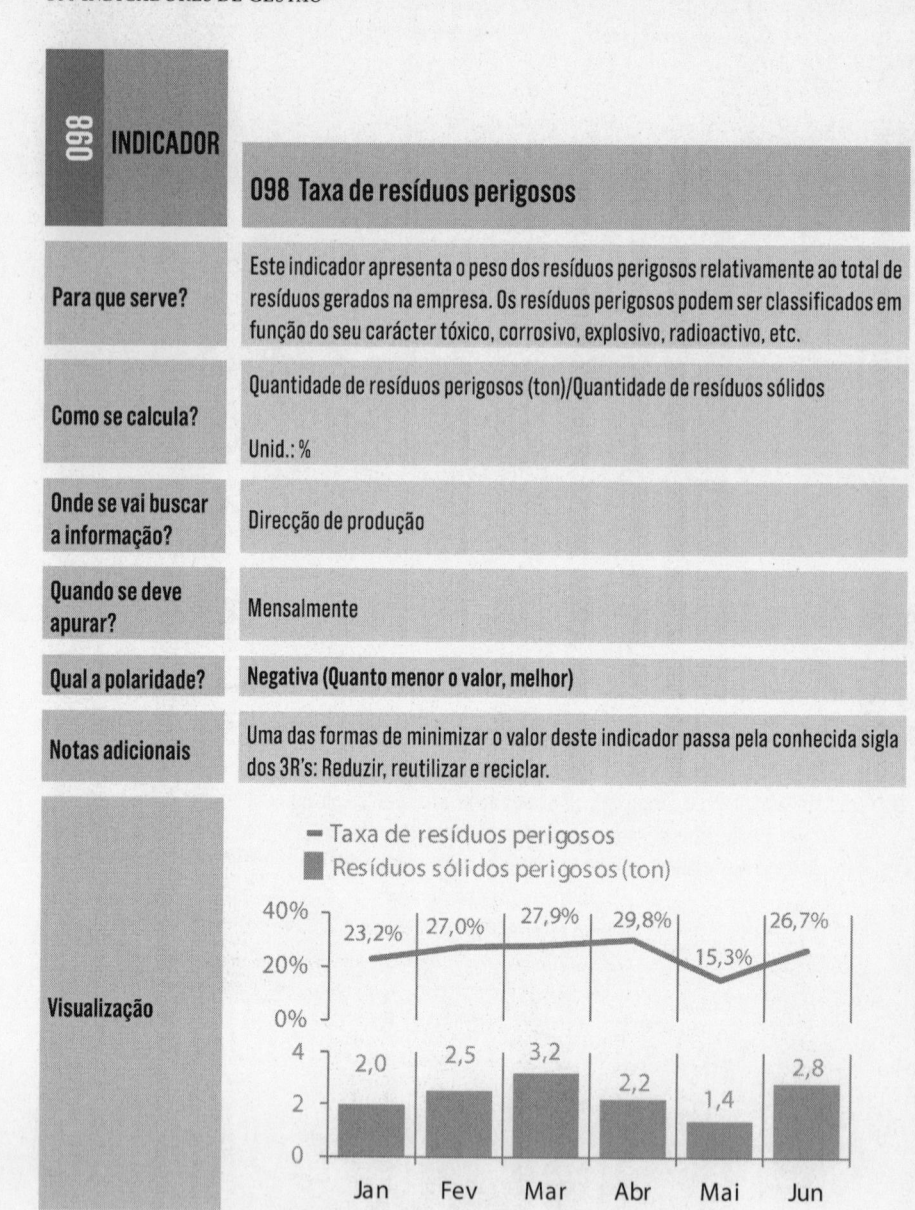

099 INDICADOR

099 % de fornecedores avaliados ambientalmente

Para que serve?

Este indicador apresenta o peso dos fornecedores que foram avaliados ambientalmente mediante avaliação do seu sistema de gestão da qualidade e/ou ambiental. Desta forma, a empresa impõe padrões de referência a todos os fornecedores que pretendam fornecer a empresa.

Como se calcula?

Nº de fornecedores avaliados ambientalmente/Nº total de fornecedores

Unid.: %

Onde se vai buscar a informação?

Direcção de produção

Quando se deve apurar?

Mensalmente/Trimestralmente

Qual a polaridade?

Positivo (Quanto maior o valor, melhor)

Notas adicionais

A empresa incentiva assim os seus fornecedores a desenvolver o seu sistema de gestão da qualidade e ambiental. Deve-se proceder a uma reavaliação anual, de modo a determinar se os fornecedores mantêm os requisitos.

Visualização

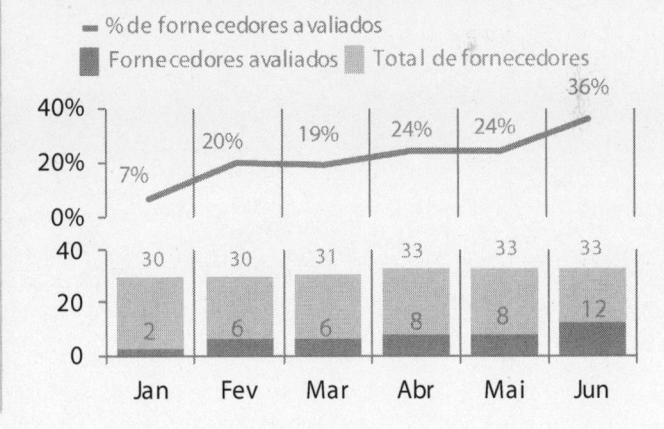

100 | INDICADOR

100 Custos ambientais

Para que serve?	Este indicador apresenta o total de custos ambientais no que diz respeito à gestão da energia, água, resíduos e emissões gasosas. A identificação dos custos ambientais permite que as empresas possam identificar os processos mais sustentáveis para a sua actividade, mantendo a sua competitividade.
Como se calcula?	$\sum$ dos custos ambientais com tratamento, transporte, taxas, deposição, etc. (energia, água, resíduos e emissões gasosas) Unid.: Euros
Onde se vai buscar a informação?	Direcção de produção e Direcção Financeira
Quando se deve apurar?	Mensalmente
Qual a polaridade?	Negativa (Quanto menor o valor, melhor)
Notas adicionais	Relativamente aos custos, impõe ter em conta: Energia (custos associados ao consumo); Água custos de tratamento, taxas, etc.); Resíduos (custos de transporte, deposição, tratamento, etc.); Emissões gasosas (custos de tratamento, etc.).
Visualização	Custos ambientais Jan 2.300 / Fev 2.450 / Mar 1.200 / Abr 1.890 / Mai 2.450 / Jun 1.200 — 1.915 Média

PRINCÍPIOS PARA A VISUALIZAÇÃO GRÁFICA

Para a construção dos gráficos, houve a preocupação em criar regras comuns para a apresentação da informação. No geral, foram seguidas as seguintes orientações base:

1. Utilização de informação adicional (por exemplo outros indicadores) de forma a completar a análise do indicador principal.

2. Utilização do menor nº de cores de forma a simplificar a visualização.

3. Utilização da cor mais forte (cor de laranja) para a informação do resultado do indicador principal.

4. Utilização da cor cinzenta para apresentar outras variáveis de informação.

5. Utilização de uma linha a tracejado (cor de laranja) para apresentar a tendência do resultado do indicador principal.

6. Em alguns indicadores, utilizou-se uma linha cinzenta clara para apresentar a média (total ou acumulada) do resultado principal.

7. Utilização do preto para as legendas das ordenadas e abcissas. (ex.: Jan; Fev; Mar; etc.). Existindo dois eixos no mesmo gráfico, a legenda é a laranja para a informação do indicador principal e a preto para a informação secundária.

8. Utilização de rótulos de dados, sempre que não comprometam a legibilidade do gráfico.

9. Deu-se destaque aos rótulos de dados mais actuais ou pertencentes à informação principal do gráfico.

10. Minimizar o impacto das gridlines. Adoptou-se duas soluções. A primeira consistia em eliminá-las e a segunda em reduzir ao mínimo o seu contraste. Para isso, a sua espessura é muito reduzida e para a sua cor foi utilizado um cinzento muito claro.

Na estruturação dos gráficos, optou-se por apresentar várias soluções para o mesmo género de informação. Eis alguns exemplos:

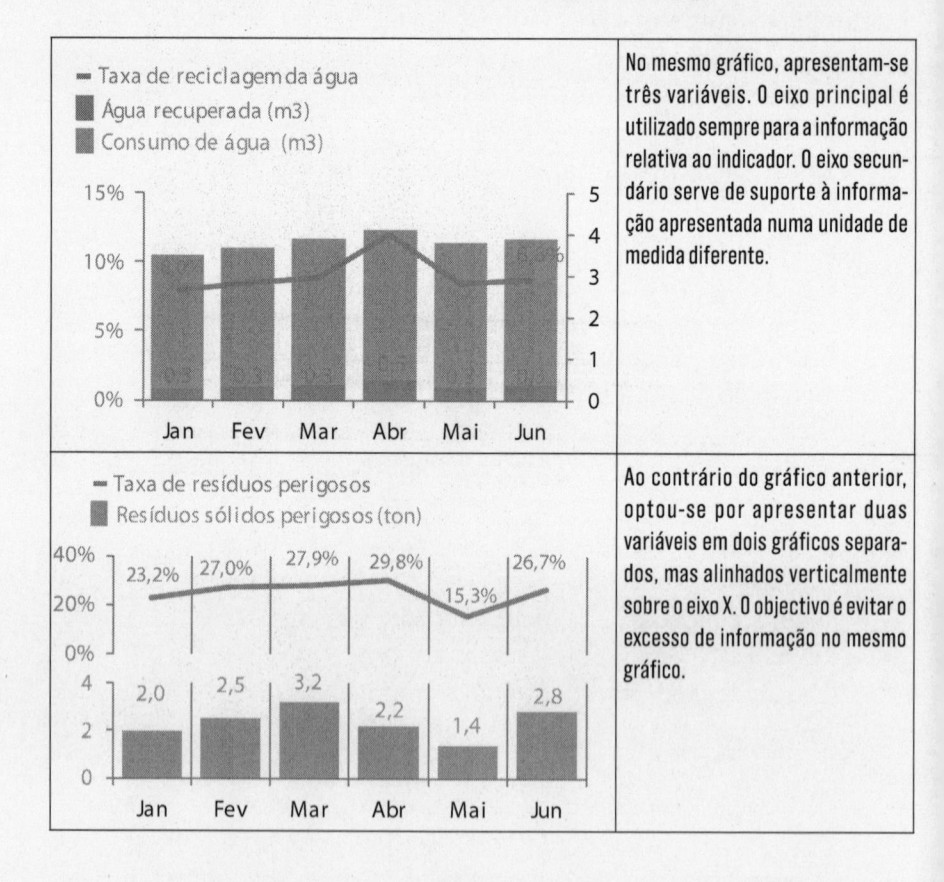

No mesmo gráfico, apresentam-se três variáveis. O eixo principal é utilizado sempre para a informação relativa ao indicador. O eixo secundário serve de suporte à informação apresentada numa unidade de medida diferente.

Ao contrário do gráfico anterior, optou-se por apresentar duas variáveis em dois gráficos separados, mas alinhados verticalmente sobre o eixo X. O objectivo é evitar o excesso de informação no mesmo gráfico.

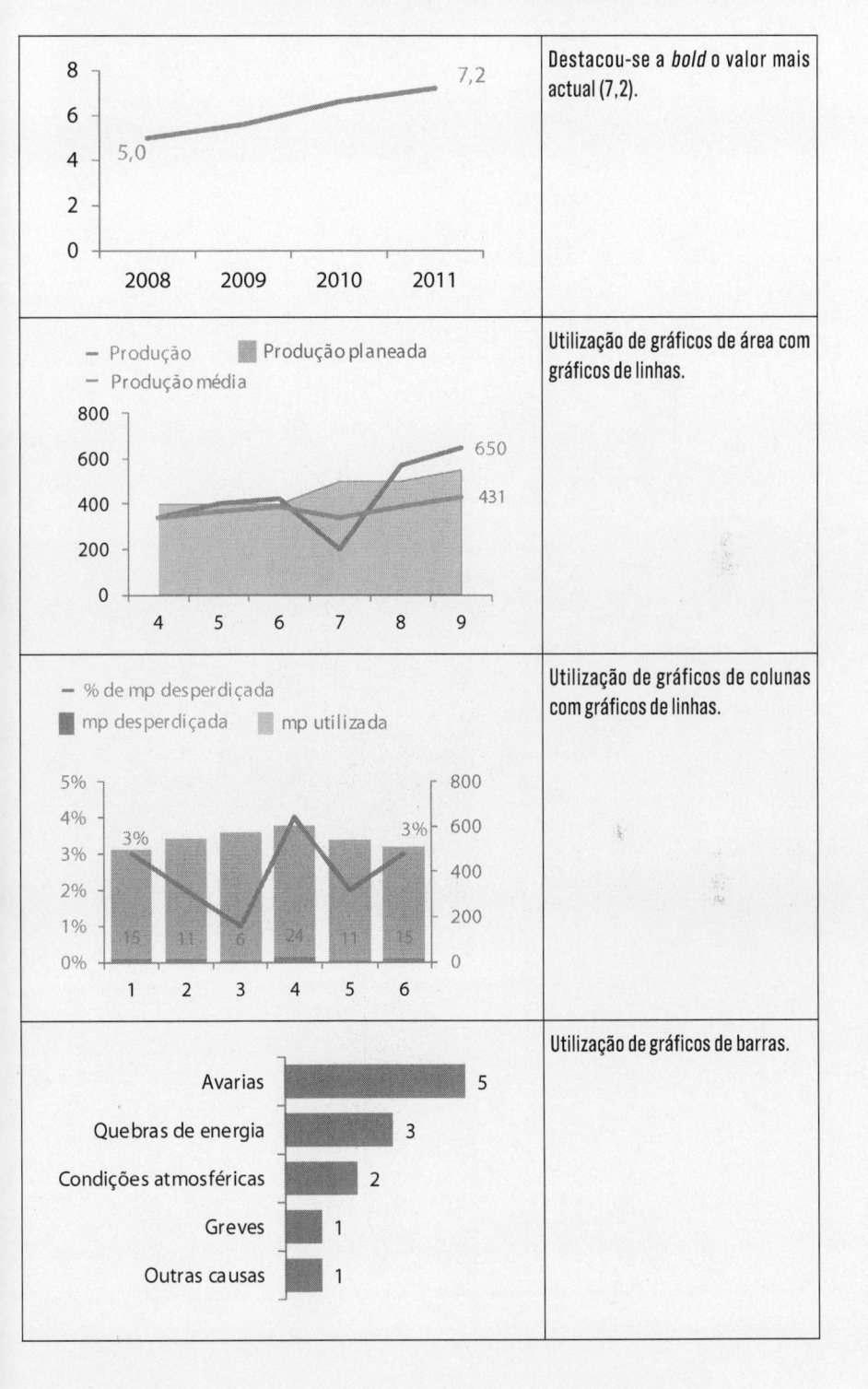

(gráfico de linhas, 2008–2011, 5,0 → 7,2)	Destacou-se a *bold* o valor mais actual (7,2).
(gráfico de área com linhas: Produção, Produção planeada, Produção média — 650, 431)	Utilização de gráficos de área com gráficos de linhas.
(gráfico de colunas com linhas: % de mp desperdiçada, mp desperdiçada, mp utilizada)	Utilização de gráficos de colunas com gráficos de linhas.
(gráfico de barras: Avarias 5, Quebras de energia 3, Condições atmosféricas 2, Greves 1, Outras causas 1)	Utilização de gráficos de barras.

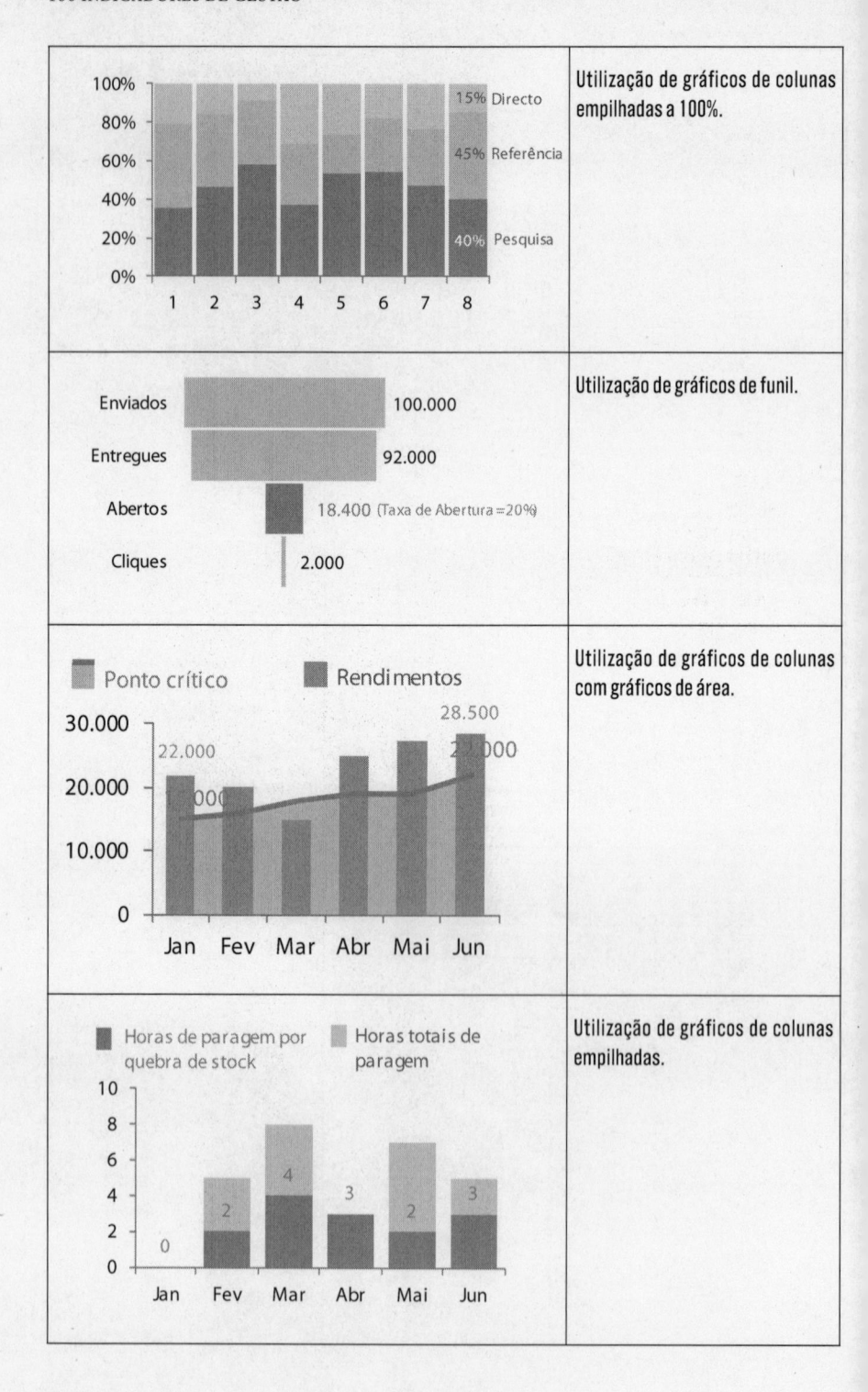

Utilização de gráficos de colunas empilhadas a 100%.

Utilização de gráficos de funil.

Utilização de gráficos de colunas com gráficos de área.

Utilização de gráficos de colunas empilhadas.

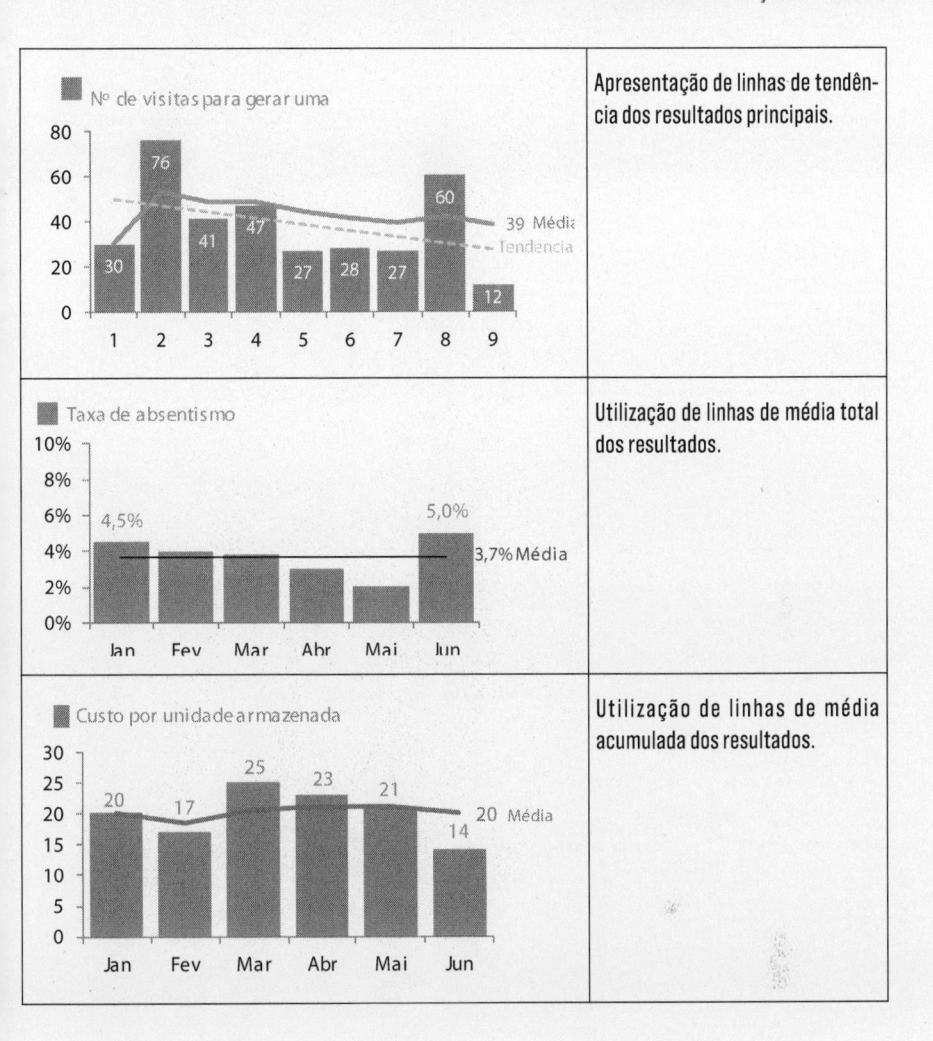

Apresentação de linhas de tendência dos resultados principais.

Utilização de linhas de média total dos resultados.

Utilização de linhas de média acumulada dos resultados.

ÍNDICE

Impresso por:

Docuprint D
CNPJ 01.036.332/0001-99